I COLORI DELLA CUCINA

# ANTIPASTI E FINGER FOOD

## COVER

*Stelline alle due mousse caviale e uova di salmone*
*Foto e styling di Sabrina Rossi*

# SOMMARIO

# A COLPO D'OCCHIO

## SFIZI TARTINE E FANTASIA

## CLASSICI MA PERÒ

## FRITTI E FRITTINI

## IN PUNTA DI DITA



## PER STUPIRE

## LEGENDA

minuti

*tempo di preparazione ed eventuale riposo*

minuti

*tempo di cottura*

# ANTIPASTI ISTRUZIONI PER L'USO

*In inglese si chiamano* starters, *in francese* entrées *ma anche* hors d'oeuvre. *A prescindere dall'idioma (e dalla latitudine) la sostanza non cambia: un pranzo da buongustaio comincia sempre da un buon antipasto. Sì, ma quale? Ecco alcuni consigli per non sbagliare. Prima però una breve introduzione nell'introduzione.*

**ANTE O ANTI?**

Nel suo *Scienza in cucina e l'arte di mangiar bene*, il celebre scrittore e gastronomo Pellegrino Artusi (1820-1911) definisce gli antipasti – che lui chiama "principii" – "cosette appetitose che si imbandiscono per mangiarle dopo la minestra, come si usa in Toscana, o prima, come si pratica in altre parti d'Italia". Se l'uso toscano è andato completamente... in disuso, si è affermato invece quell'altro, che codifica all'inizio del pasto l'offerta di preparazioni atte a stuzzicare l'appetito. Attenzione però: stuzzicare, non rovinare. Un pranzo ben strutturato, insomma, non può prescindere dall'antipasto che va calibrato in modo ponderato, per evitare che, da momento "stuzzicante" prima del pasto vero e proprio (*ante pastum*, "prima del pasto", dicevano i latini), diventi invece un anti-pasto, un qualcosa cioè che il pasto lo rovina, impedendo ai commensali di arrivarci con ancora un minimo di appetito. E qui arriviamo ai consigli:

• **Rimanete in tema.** L'antipasto dovrebbe sempre anticipare il tenore del menu. State pensando a un pranzo chic? Orientatevi su antipasti raffinati. Volete dar vita a un menu informale? Avanti con rustici, bruschette o preparazioni simili.

• **Andate in crescendo.** Nella scelta tenete presente la struttura dei piatti che andranno a comporre le portate successive. Un antipasto saporito non può precedere un primo leggero, che ne risulterebbe oscurato. Nel dubbio, aprite con antipasti delicati: in tal modo avrete maggior libertà di movimento.

• **Da quali partire?** Al momento dell'antipasto è consentito proporre sia piatti freddi sia piatti caldi. Da quali partire? Sempre e rigorosamente da quelli freddi.

• **L'antipasto all'italiana.** Quello tipico è a base di salumi. Fra quelli nobili (non insaccati) ricordiamo il culatello di Zibello; il prosciutto crudo (Parma, San Daniele, Toscano); il prosciutto cotto e il Praga; lo speck e la bresaola. Tra i secondi, il salame Felino, il Varzi, il piacentino, il mantovano, la finocchiona... Impossibile poi non citare coppa, mortadella e lardo (in particolare il lardo di Colonnata e quello d'Arnad).

# TRE BASI CHE VI POSSON SERVIRE

## PASTA SFOGLIA

*ingredienti (per 400 g circa)*

**• 150 g di farina (più farina per la spianatoia)**
**• 140 g di burro • acqua • sale**

**Disponete** il burro tra due fogli di carta forno, schiacciatelo con il matterello in un panetto spesso 1 cm e mettetelo in frigo.

**Setacciate** la farina sulla spianatoia, fate la fontana e versate al centro 0,6 dl di acqua. Unite un pizzico di sale e lavorate per ottenere un impasto liscio ed elastico. Copritelo e lasciatelo riposare 20-25 minuti.

**Stendete** l'impasto sulla spianatoia infarinata con il matterello per ottenere una sfoglia rettangolare. Mettete al centro il burro, ripiegate i lembi della sfoglia, picchiettatela con il matterello e mettete in frigo 5 minuti.

**Lavorate** l'impasto sulla spianatoia e stendetelo in un rettangolo di circa 25x50 cm (con il lato corto verso di voi). Girate la sfoglia per il largo e piegate i lati corti verso il centro, facendoli quasi combaciare. Infine ripiegate una metà sull'altra.

**Ripetete** tutta l'operazione (il cosiddetto "giro di pasta"), stendendo l'impasto in un rettangolo e piegandolo come detto, quindi mettete in frigo per 30 minuti. Trascorso il tempo, altri due giri e poi riposo in frigo; quindi di nuovo altri due giri e il riposo e la pasta sfoglia è pronta per essere utilizzata.

(per "Stelline alle due mousse", pag. 14)

## PASTA BRISÉE

*ingredienti (per 400 g circa)*

**• 200 g di farina • 130 g di burro • acqua • sale**

**Setacciate** la farina sulla spianatoia e fate la fontana. Aggiungete al centro il burro a pezzetti, un pizzico di sale e 0,5 dl di acqua, ghiacciata, e impastate velocemente. Formate una palla, avvolgetela in un foglio di pellicola e mettete in frigo per 30 minuti.

(per: "Tartellette di brisée", pag. 16; "Brisée alla salsiccia, pag. 24)

**BIGNÈ (PASTA CHOUX)**

*ingredienti (per 30 bignè circa)*

**• 75 g di farina • 50 g di burro • 2 uova • acqua • sale**

**Versate** in una casseruola 1,2 dl di acqua. Aggiungete il burro e un pizzico di sale, mettete su fuoco vivace e portate a bollore. Non appena raggiunto il bollore, levate dal fuoco, unite la farina setacciata, tutta in una volta, e mescolate.

**Rimettete** sul fuoco e proseguite la cottura, a fiamma bassa, sempre mescolando velocemente con un cucchiaio di legno finché l'impasto si staccherà dalle pareti formando una palla.

**Trasferite** l'impasto in una ciotola e lasciate raffreddare. Una volta freddo, unite le uova, uno alla volta, non mettendo il secondo se il primo non è già ben incorporato.

**Raccogliete** l'impasto in un sac-à-poche con bocchetta liscia e sulla placca del forno, foderata con carta forno, formate tante palline di pasta della grandezza di una noce, ben distanziate l'una dall'altra.

**Mettete** in forno caldo a 180 °C e fate cuocere per circa 30 minuti. Trascorso il tempo, levate e lasciate raffreddare. A questo punto i bignè sono pronti per essere farciti, o utilizzati secondo ricetta.

(per: "Bignè a sorpresa", pag. 26; "Profiteroles alla fonduta e pancetta affumicata", pag. 94)

# SFIZI
# TARTINE
# E FANTASIA

# STELLINE ALLE DUE MOUSSE
## CAVIALE E UOVA DI SALMONE

35 minuti + riposo

30 minuti

**INGREDIENTI**
**per 8 persone**

- **300 g di pasta sfoglia (farina Petra 5, burro, acqua e sale - vedi ricetta base a pag. 10)**
- **1 uovo**
- **100 g di caviale**
- **100 g di uova di salmone**

*per la mousse di cavolfiore*

- **400 g di cimette di cavolfiore**
- **4 fogli di gelatina**
- **250 g di panna fresca**
- **2-3 steli di erba cipollina**
- **limone**
- **sale e pepe**

*per la mousse di avocado*

- **2 avocado maturi**
- **2,5 dl di panna fresca**
- **limone**
- **sale e pepe**

*vi servono inoltre*

- **2 stampini a forma di stella (uno più grande e uno più piccolo)**

**1** Stendete la pasta in una sfoglia sottile e con lo stampino a foma di stella più grande, ritagliate tante stelle. Con lo stampino più piccolo ritagliate metà delle stelle più grandi in modo da forarle.

**2** Spennellate le stelle più grandi con un po' di uovo leggermente sbattuto, coprite ogni stella con una stella forata. Spennellate tutto con un altro po' di uovo sbattuto e disponete le stelle sulla placca del forno foderata con carta forno. Mettete in forno già caldo a 180°C e fate cuocere per 15 minuti o comunque finché saranno dorate. Levate e tenete da parte.

**3** Preparate la mousse al cavolfiore. Sbollentate le cimette di cavolfiore in abbondante acqua leggermente salata per una quindicina di minuti. Spegnete e lasciate raffreddare. Scolate le cimette e frullatele.

**4** Fate ammollare la gelatina in acqua fredda. Poi scolatela e strizzatela. Versate la panna in una casseruola, unite un po' di erba cipollina, tagliuzzata, e una spruzzata di succo del limone. Condite con un pizzico di sale e scaldate a fuoco basso. Levate dal fuoco e incorporate la gelatina. Filtrate il composto e lasciate raffreddare.

**5** Aggiungete il composto alle cimette frullate, mescolate e mettete in frigo per far addensare. Al termine levate e frullate per incorporare aria.

**6** Per la mousse di avocado: sbucciate gli avocado, ricavate la polpa, raccoglietela nel bicchiere del mixer, spruzzate con un po' di succo di limone e frullate. Passate il frullato a un setaccio, e trasferite in frigo. Raccogliete la panna in una ciotola di alluminio ben fredda e montatela a neve con un pizzico di sale. Riprendete il passato di avocado e incorporate la panna montata.

**7** Distribuite le due mousse nei vol-au-vent a stella, utilizzando un sac-à-poche con bocchetta rigata, guarnite la mousse di cavolfiore con il caviale e quella di avocado con le uova di salmone.

# TARTELLETTE DI BRISÉE
## CON TAPENADE DI OLIVE NERE E POMODORINI

**15** minuti + riposo

**10** minuti

**INGREDIENTI**
**per 6-8 persone**

- **250 g di pasta brisée (farina, burro, acqua e sale - vedi ricetta base a pag. 10)**
- **15 gamberetti già lessati e sgusciati**
- **15 pomodorini**

*per la tapenade*
- **400 g di olive nere già snocciolate**
- **1 spicchio di aglio**
- **50 g di capperi sotto sale**
- **5 filetti di acciuga sott'olio**
- **olio extravergine di oliva**

*vi serve inoltre*
- **un coppapasta della forma che preferite**

**1** Stendete la pasta brisée in una sfoglia sottile. Quindi con un coppapasta ricavate tanti fiorellini (o stelline o dischetti, secondo la vostra fantasia). Bucherellateli, adagiateli su altrettanti pirottini capovolti, infornateli a 170 °C e fateli cuocere per 7-8 minuti. Al termine, levate e lasciate raffreddare.

**2** Mentre le basi di brisée sono in cottura, preparate la tapenade: scolate i filetti di acciuga, sciacquate i capperi, per eliminare il sale di conservazione e asciugateli. Raccogliete le olive nel bicchiere del mixer, unite capperi, acciughe e aglio e frullate, aggiungendo man mano l'olio neccessario a ottenere una sorta di crema pastosa.

**3** Sbollentate i pomodorini per un paio di minuti. Scolateli, pelateli, tagliateli a metà ed eliminate i semi e l'acqua di vegetazione, poi fateli a dadini.

**4** Sformate le tartellette ormai fredde, mettetele "al dritto" e distribuiteci la tapenade. Farcite metà delle tartellette con i gamberetti e l'altra metà con la dadolata di pomodorini. Portate in tavola e servite.

# SFIZI DI BRISÉE AL CUMINO
## CON COTECHINO E FONDUTA AL CASTELMAGNO

40 minuti + riposo

110 minuti

**INGREDIENTI**
**per 6 persone**

*per la pasta brisée al cumino*
- 200 g di farina Petra 5
- 100 g di burro
- 4-5 cucchiai di semi di cumino
- 1 cotechino da circa 300 g
- 150 g di lenticchie già ammollate
- 40 g di pancetta
- 1 cipolla
- olio extravergine di oliva
- sale e pepe

*per la fonduta*
- 120 g di castelmagno
- 30 g di burro
- 1,25 dl di panna fresca

*vi servono inoltre*
- coppapasta di forme diverse

**1** Punzecchiate il cotechino con una forchetta, avvolgetelo in un panno bianco, legatelo, mettetelo in una casseruola e copritelo di acqua fredda. Mettete sul fuoco e fate cuocere per circa un'ora e mezza. Trascorso il tempo, liberatelo dal panno, spellatelo e lasciatelo intiepidire.

**2** Mentre il cotechino è in cottura preparate la pasta brisée. Lavorate la farina con il burro freddo a tocchetti e un pizzico di sale fino a ottenere un composto sabbioso. Aggiungete i semi di cumino e impastate velocemente, unendo poco alla volta 7 cl di acqua ghiacciata, fino a ottenere un impasto sodo ed elastico; dategli forma di palla, avvolgetelo in un foglio di pellicola trasparente e mettete in frigo per almeno 40 minuti.

**3** Tracorso il tempo, stendete l'impasto allo spessore di 5-6 mm e con i coppapasta ricavate tanti crostini. Punzecchiateli con i rebbi di una forchetta, sistemateli sulla placca del forno, rivestita con la carta forno, mettete in forno già caldo a 180 °C e fate cuocere per 15-20 minuti.

**4** Intanto affettate sottilmente la cipolla e fatela soffriggere dolcemente in una padella con un filo di olio. Unite le lenticchie e coprite di acqua calda. Salate, profumate con una macinata di pepe, incoperchiate e cuocete a fuoco dolce per 20 minuti.

**5** Fate fondere a fuoco dolce il formaggio in una casseruola con la panna e il burro. Distribuite le lenticchie sui crostini, adagiatevi sopra il cotechino tagliato a rondelle, irrorate con la salsa al formaggio e spolverizzate con il pepe.

# CROSTINI ALLA CREMA DI CECI RUCOLA E CRUDO

10 minuti + riposo

5 minuti

**INGREDIENTI per 6-8 persone**

- 200 g di prosciutto crudo tagliato al coltello
- 1 mazzetto di rucola
- 1 spicchio di aglio
- crostini di pane toscano

*per la crema di ceci*

- 400 g di ceci già lessati
- 1 spicchio di aglio
- 1 rametto di rosmarino
- 1 bicchiere di brodo
- olio extravergine di oliva
- sale e pepe

**1** Scaldate 4-5 cucchiai di olio in una casseruola con l'aglio e il rosmarino. Eliminate l'aglio, aggiungete i ceci e lasciateli insaporire per qualche minuto. Unite il brodo e fate restringere per 5 minuti. Levate, e lasciate raffreddare.

**2** Raccogliete il passato nel bicchiere del mixer e frullate, aggiungendo un altro po' di olio, fino a ottenere una sorta di crema pastosa. Al termine, pepate e regolate di sale.

**3** Tostate in forno i crostini di pane. Strofinateli con l'aglio e spalmateli con la crema di ceci. Completate con il prosciutto crudo e qualche foglia di rucola e servite.

# MINIPIADINE AL CRUDO STRACCHINO E RUCOLA

15 minuti + riposo

15 minuti

**INGREDIENTI**
**per 8 persone**

*per le piadine*
- **200 g di farina**
- **80 g di latte**
- **53 g di strutto**
- **4,4 g di lievito chimico**
- **2,4 g di sale**

*per la farcitura*
- **70 g di prosciutto crudo di Parma**
- **80 g di stracchino**
- **20 g di rucola**
- **olio extravergine di oliva**
- **pepe**

*vi servono inoltre*
- **foglie di rucola**
- **pepe rosa in grani**

**1** Impastate tutti gli ingredienti per le piadine e lasciate riposare per circa due ore o più in frigo (meglio se si prepara la sera precedente). Stendete l'impasto allo spessore di 3 mm, quindi con un coppapasta create tanti dischetti di 3,5 cm di diametro e cuocete su una piastra calda a 170 °C circa.

**2** Passate poi alla guarnizione: stendete uno strato di pellicola sul tavolo, adagiatevi uno strato di fettine di prosciutto, spalmatele con lo stracchino e completate con le foglie di rucola. Arrotolate tutto in modo da formare un rotolino stringendo il più possibile con la pellicola trasparente.

**3** Riponete in frigo e quando il rotolo sarà sufficientemente compatto tagliatelo a fette spesse 1,5 cm e disponetelo sopra le piadine. Condite la superficie di ogni piadina con un filo di olio extravergine di oliva e una spolverizzata di pepe macinato fresco e guarnite con una fogliolina di rucola e un grano di pepe rosa.

# **BRISÉE** ALLA SALSICCIA

15 minuti + riposo

40 minuti

**INGREDIENTI per 8 persone**

- **400 g di pasta brisée (farina, burro, acqua e sale - vedi ricetta base a pag. 10)**
- **200 g di salsiccia**
- **2 dl di passata di pomodoro**
- **vino bianco**
- **olio extravergine di oliva**
- **sale e pepe**

*vi servono inoltre*

- **8 stampini scanalati**

**1** Spellate la salsiccia, sgranatela e fatela soffriggere in una casseruola con un filo di olio. Bagnate con il vino e fate evaporare. Unite la passata di pomodoro e fate restringere per qualche minuto. Regolate di sale, pepate e tenete da parte.

**2** Tirate la pasta brisée in una sfoglia sottile e foderate 8 stampini scanalati. Bucherellate la pasta con i rebbi di una forchetta, infornate a 180 °C e fate cuocere per 10 minuti. Levate e lasciate raffreddare.

**3** Intanto con i ritagli di brisée realizzate alcune listerelle di pasta. Distribuite il ripieno nei tortini, completate con le listerelle di pasta messe a griglia (tipo crostatina), infornate a 180 °C e fate cuocere per 25-30 minuti. Levate e servite.

# **BIGNÈ** A SORPRESA

30 minuti

10 minuti

**INGREDIENTI per 6 persone**

- 24 bignè (farina, burro, acqua, sale e uova - vedi ricetta base a pag. 11)
- 150 g di foie gras mi-cuit (a mezza cottura)
- 200 g di salmone affumicato
- 5 dl di panna
- 2 dl di aceto balsamico
- zucchero
- burro
- sale e pepe

**1** Pulite il foie gras per eliminare eventuali nervature, poi frullatelo e passatelo al setaccio. Montate metà della panna a neve, condite con un pizzico di sale e profumate con una macinata di pepe. Quindi, incorporatela al foie gras.

**2** Tagliate a pezzetti il salmone, raccoglietelo nel bicchiere del mixer e frullatelo. Montate la panna rimasta a neve ben ferma, quindi incorporatela delicatamente al salmone.

**3** Tagliate a metà i bignè. Farcite 12 basi con la mousse al foie gras e 12 con la mousse al salmone, quindi rimettete le calotte.

**4** Versate l'aceto in una casseruola. Unite lo zucchero, mescolate e fate ridurre a fuoco medio per una decina di minuti, fino a ottenere una sorta di sciroppo. Levate dal fuoco e, con una frusta, incorporate una noce di burro (a temperatura ambiente). Velate i bignè con la glassa al balsamico, disponete nei piatti da portata e servite.

# PANETTONI GASTRONOMICI AI CINQUE COLORI

60 minuti + riposo

40 minuti

**INGREDIENTI**
**per 8-10 persone**

- 400 g di farina
- 150 g di manitoba
- 2 uova
- 25 g di burro
- 10 g di zucchero
- 10 g di sale
- 25 g di lievito di birra
- 40 g di parmigiano grattugiato
- 10 g di malto
- 3 bustine di zafferano (per il pan brioche giallo)
- 150 g di purea di spinaci (per il verde)
- 100 g di nero di seppia (per il nero)
- 150 g di purea di rapa rossa (per il rosa)
- 80 g di concentrato di pomodoro (per il rosso)
- latte

*per le farciture*
- tonno e maionese; formaggio spalmabile; prosciutto cotto e rucola; gamberetti al vapore e salsa cocktail; pomodori e mozzarella; burro salato e salmone affumicato

*vi servono inoltre*
- 5 stampi da panettone da 500 g

**1** Sciogliete il lievito in un po' di latte tiepido, aggiungete lo zucchero e mescolate. Lasciate riposare per 10 minuti circa. Fate la classica fontana con le farine, unite al centro il lievito, il burro fuso, le uova, il parmigiano, il malto e iniziate a lavorare.

**2** Divitete l'impasto in cinque parti. Aggiungete a ciascuna l'ingrediente che dà il colore e lavorate fino a ottenere degli impasti lisci ed elastici. Dategli forma di palla, coprite e lasciate lievitare fino al raddoppio del volume. Riprendete gli impasti, lavorateli brevemente e metteteli negli stampi fino al raddoppio del volume.

**3** Mettete in forno già caldo a 180 °C e fate cuocere per 40 minuti circa. Trascorso il tempo, levate dal forno e lasciate raffreddare. Sformate le basi di pan brioche dagli stampi e tagliatele a fette orizzontali. Quindi procedete con le farciture.

**4** Farcite il pan brioche giallo con tonno e maionese; quello verde con formaggio spalmabile, prosciutto cotto e rucola; quello rosa con salsa cocktail e gamberetti al vapore; quello rosso con pomodori a fettine e mozzarella; e quello nero con burro salato e salmone affumicato (il primo e l'ultimo strato di ciascun panettone vanno lasciati interi).

**5** A questo punto assemblate nuovamente i 5 panettoni, alternando però strati di colori e farciture diversi. Avvolgete ogni panettone in un panno umido e poi in un foglio di pellicola trasparente, e mettete in frigo fino al momento di servire.

# MUFFIN
# AL SALMONE AFFUMICATO

30 minuti + riposo

20 minuti

**INGREDIENTI**
**per 12 muffin**

- **100 g di salmone affumicato**
- **250 g di farina Petra 5**
- **1,5 dl di panna fresca**
- **1 bustina di lievito**
- **1 uovo**
- **440 g di yogurt**
- **80 g di burro**
- **2 rametti di aneto**
- **sale e pepe**

*vi serve inoltre*
- **uno stampo da 12 muffin**

**1** Versate la panna in una ciotola di acciaio, aggiungete 1 rametto di aneto, condite con un pizzico di sale e una macinata di pepe, coprite e mettete in frigo.

**2** Fate fondere il burro a fuoco dolce. Tagliate a listerelle il salmone affumicato. Rompete l'uovo in una ciotola, unite lo yogurt e il burro fuso e sbattete tutto con una frusta. Setacciate la farina e il lievito in un'altra ciotola con un pizzico di sale. Aggiungete il composto preparato e metà delle listerelle di salmone e mescolate.

**3** Foderate gli incavi di uno stampo per 12 muffin con altrettanti pirottini di carta e distribuiteci l'impasto fino a 2/3 dell'altezza. Mettete in forno già caldo a 180 °C e fate cuocere per una ventina di minuti. Trascorso il tempo, levate e lasciate raffreddare, poi sformate i muffin.

**4** Levate la panna ormai fredda dal frigo, eliminate l'aneto e montate vigorosamente con una frusta. Raccogliete la panna in una tasca da pasticciere con bocchetta rigata.

**5** Decorate i muffin con la panna all'aneto, guarnite con una listerella di salmone arrotolata a rosellina e con un ciuffetto di aneto e servite.

Petra 5
Petra

# CLASSICI
# MA PERÒ

# VERRINE DI CAPRESE
## E CUCCHIAINI CROCCANTI

20 minuti + riposo

15 minuti

**INGREDIENTI**
**per 4 persone**

- 4-5 pomodori costoluti carnosi e maturi
- 1 ciuffo di basilico
- 1 frisella
- 300 g di ricotta di bufala
- qualche cucuncio
- olio extravergine di oliva
- sale e pepe

*per i cucchiaini croccanti*
- 300 g di farina (più farina per la spianatoia)
- 1 dl di olio extravergine di oliva
- sale

**1** Per i cucchiaini: setacciate la farina in una ciotola, unite un filo di acqua e iniziate a impastare. Aggiungete l'olio e un pizzico di sale e continuate a lavorare fino a ottenere un impasto omogeneo (nel caso aggiungete un po' di acqua). Dategli forma di palla, coprite e mettete in frigo per 10-15 minuti.

**2** Trascorso il tempo, levate, lavorate brevemente l'impasto sulla spianatoia infarinata, quindi stendetelo in una sfoglia abbastanza sottile. Ritagliate tanti cucchiaini con un coppapasta, disponeteli sulla placca del forno, foderata con carta forno, e infornate a 180 °C per una quindicina di minuti.

**3** Sbollentate i pomodori, scolateli, pelateli, tagliateli a metà ed eliminate semi e acqua di vegetazione; fateli a dadini, raccoglieteli in un colapasta e lasciate asciugare. Trasferite nel bicchiere del mixer, salate, pepate e frullate, unendo a filo l'olio necessario a ottenere un composto cremoso.

**4** Passate la ricotta al setaccio, raccoglietela in una ciotola e mettetela in frigo. Quando è ben fredda, lavoratela energicamente, finché assume una consistenza cremosa. Salate e pepate. Distribuite la ricotta in bicchierini o in piccoli vasetti di vetro, coprite con la crema di pomodori e terminate con la frisella sminuzzata. Decorate con un cucuncio e il basilico e servite con i biscottini.

# CAPPUCCINO AI PISTACCHI
## E CREMA DI MORTADELLA CON CRACKERS VELOCI

30 minuti + riposo

15 minuti

**INGREDIENTI**
**per 6 persone**

- 200 g di pistacchi già pelati
- 1,5 dl di panna fresca
- 175 g di mortadella
- 100 g di ricotta
- sale

*per i crackers veloci*
- 200 g di farina (più farina per la spianatoia)
- 100 g di farina di mais
- 1 rametto di rosmarino
- vino bianco
- olio extravergine di oliva
- sale

**1** Per i crackers: setacciate le farine sulla spianatoia, fate la classica fontana e unite al centro 2 cucchiai di acqua e 1/2 bicchiere di vino e impastate. Aggiungete un pizzico di sale, abbondante rosmarino tritato e 70 g di olio e lavorate ancora fino a ottenere un impasto omogeneo. Dategli forma di palla, copritelo e lasciatelo riposare per una decina di minuti.

**2** Trascorso il tempo, levatelo e stendetelo in una sfoglia sottile rettangolare, su un piano infarinato. Bucherellatela con una forchetta, quindi con una rotellina dentata, ritagliate tanti rettangolini. Disponeteli sulla placca del forno, infarinata, infornate a 180 °C per 25-30 minuti, fino a doratura, poi levate e tenete da parte.

**3** Frullate 150 g di pistacchi fino a ridurli in polvere. Sminuzzate grossolanamente i pistacchi rimasti e tenete da parte. Sbattete la panna fino a ottenere la consistenza di una mousse abbastanza soda. Aggiungete la polvere di pistacchi e mescolate delicatamente. Raccogliete tutto in un sac à poche con bocca rigata e mettete in frigo.

**4** Scolate la ricotta, passatela al setaccio e frullatela con la mortadella fino a ottenere un composto cremoso. Regolate di sale, mescolate e fate raffreddare in frigo per almeno mezz'ora.

**5** Distribuite in tazzine di vetro, bicchierini o altri recipienti carini la crema di mortadella e la spuma al pistacchio, alternando gli strati e terminando con un ciuffo di quest'ultima. Spolverizzate con la granella di pistacchi e servite con i crackers.

# MOUSSE
# IN FIOR DI LIMONE

15
minuti
+ riposo

**INGREDIENTI**
**per 4-6 persone**

- **180 g di tonno sott'olio**
- **5-6 filetti di acciuga sott'olio**
- **50 g di ricotta**
- **5-6 olive nere già snocciolate**
- **4 limoni medi**
- **1 ciuffo di prezzemolo**
- **pancarré senza crosta**

**1** Lavate perfettamente i limoni, asciugateli e incidete la buccia in senso verticale praticando tante righe con uno scavino. Poi tagliate la calotta superiore, quindi con un coltellino scavateli bene per eliminare tutta la polpa. Recuperate il succo e tenetelo da parte.

**2** Sgocciolate il tonno e i filetti dall'olio di conservazione e raccogliete entrambi nel bicchiere del mixer. Aggiungete la ricotta e 1 cucchiaio di succo di limone, profumate con un po' di prezzemolo e frullate fino a ottenere una mousse omogenea. Unite le olive, tritate grossolanamente, e amalgamate.

**3** Farcite i limoni con la mousse, battendoli leggermente sul piano di lavoro, per compattarla. Coprite con un foglio di pellicola trasparente e mettete in frigo per 3 ore. Trascorso il tempo, levateli e tagliateli a fette molto sottili. Portate in tavola e servite con crostini di pancarré tagliati a fantasia e tostati in forno.

# INVOLTINI DI SARDE
## CON SPINACI E PINOLI

20 minuti + riposo

20 minuti

**INGREDIENTI**
**per 6-8 persone**

- 1,5 kg di sarde già pulite e aperte a libretto
- 1 kg di spinaci novelli
- 50 g di mollica di pane raffermo
- 1 spicchio di aglio
- 1 ciuffo di prezzemolo
- 3 cucchiaini di semi di cumino
- 25 g di pinoli già pelati
- 15 g di pistacchi già pelati
- pangrattato
- latte
- olio extravergine di oliva
- sale e pepe

**1** Fate ammorbidire la mollica di pane in un po' di latte, per una decina di minuti. Mondate gli spinaci, sciacquateli e lessateli per un paio di minuti con la sola acqua residua del lavaggio. Poi scolateli, strizzateli e tritateli grossolanamente.

**2** Scaldate un filo di olio in una casseruola con l'aglio, schiacciato. Eliminate quest'ultimo, unite gli spinaci, la mollica di pane, ben strizzata, il cumino, i pistacchi e i pinoli, e lasciate insaporire per qualche minuto. Al termine, regolate di sale e profumate con un po' di prezzemolo tritato e con una macinata di pepe. Levate e lasciate intiepidire.

**3** Stendete le sarde dalla parte della pelle, su un tagliere. Distribuite il ripieno preparato, arrotolate a mo' di involtino e fermate con uno stecchino di legno.

**4** Disponete gli involtini in una teglia leggermente unta. Spolverizzate con pangrattato, irrorate con un filo di olio, mettete in forno già caldo a 210 °C e fate cuocere per 15 minuti. Trascorso il tempo, sfornate, eliminate gli stecchini, portate in tavola e servite.

# TARTARE DI POLPO E PATATE CON CREMA AL PREZZEMOLO

25 minuti + riposo

40 minuti

**INGREDIENTI**
**per 4-6 persone**

- 1 polpo da 800 g
- 4-5 patate
- 1 carota
- 1 costa di sedano
- 1/2 cipolla
- 2 mazzetti di prezzemolo
- 1 limone
- 1 bicchiere di vino bianco
- aceto di vino bianco
- olio extravergine di oliva
- sale e pepe

*vi serve inoltre*
- un coppapasta rotondo

**1** Mettete il polpo in una casseruola con acqua fredda leggermente salata. Aggiungete il vino, la carota, la costa di sedano e la cipolla, e fate cuocere per una quarantina di minuti a partire dal bollore. Al termine verificate che il polpo sia cotto pungendolo con uno stecchino.

**2** Una volta cotto, scolate il polpo, spellatelo e tagliatelo a dadini. Raccogliete la dadolata in una ciotola, condite con un filo di olio, una spruzzata di limone, un pizzico di sale e una macinata di pepe e mescolate.

**3** Sbucciate le patate e tagliatele prima a fette e poi a dadini. Lessate la dadolata per 15 minuti in acqua bollente salata e acidulata con l'aceto. Scolate la dadolata in una ciotola e tenete da parte (tenete da parte anche l'acqua di cottura).

**4** Raccogliete le foglie di prezzemolo nel bicchiere del mixer. Aggiungete qualche dadino di patata e 2-3 cucchiai dell'acqua di cottura, salate, pepate e frullate aggiungendo a filo l'olio necessario a ottenere una salsa cremosa.

**5** Con il coppapasta componete le tartare nei piatti individuali alternando strati di polpo a strati di patate fino a esaurire gli ingredienti e completando con la crema.

# SCANALATINI DI TONNO E PATATE

30 minuti + riposo

30 minuti

**INGREDIENTI per 6 persone**

- 4 patate
- 250 g di tonno sott'olio
- 2-3 pomodori rossi maturi
- 1 baguette
- maionese
- capperi sotto sale
- olio extravergine di oliva
- sale

*vi servono inoltre*

- stampini scanalati

**1** Sbollentate i pomodori per un paio di minuti. Scolateli, pelateli, tagliateli a metà ed eliminate i semi e l'acqua di vegetazione, quindi fateli a dadini.

**2** Raccogliete la dadolatina nel bicchiere del mixer, condite con un pizzico di sale e frullate aggiungendo a filo l'olio necessario a ottenere una salsa omogenea, piuttosto densa. Levate e mettete in frigo.

**3** Lessate le patate per 30 minuti a partire dal bollore. Levatele, sbucciatele e passatele al passaverdure insieme al tonno, scolato. Raccogliete il composto in una ciotola, aggiungete un paio di cucchiai di maionese, qualche cappero, ben sciacquato e asciugato, e un pizzico di sale, e amalgamate ancora.

**4** Passate l'interno degli stampini scanalati con un foglio di carta assorbente leggermente unto di olio, riempiteli con il composto e mettete in frigo a rassodare per un paio d'ore.

**5** Al momento di servire, tagliate a rondelle la baguette. Levate dal frigo gli stampini, sformate gli scanalatini sulle rondelle di pane. Colorateli con un po' della coulisse, portate in tavola e servite.

# COCCETTI DI LUMACHE
## DI MARE AL SUGO

15 minuti + riposo

15 minuti

**INGREDIENTI**
**per 4 persone**

- 1 kg di lumache di mare
- 1/2 kg di pomodori pelati San Marzano
- 1 ciuffo di prezzemolo
- 4 fette di pane casereccio
- 2 spicchi di aglio
- 1 cipolla
- 1 bicchiere di vino bianco
- brodo di pesce
- peperoncino
- olio extravergine di oliva
- sale

**1** Lasciate a bagno le lumache in acqua leggermente salata per almeno 1 ora. Scaldate 3-4 cucchiai di olio in una casseruola con 1 spicchio di aglio schiacciato. Levate quest'utlimo, aggiungete la cipolla, affettata sottilmente, e fatela appassire dolcemente. Sfumate con il vino e lasciate evaporare.

**2** Aggiungete i pomodori e fate cuocere per circa 10 minuti. Trascorso il tempo, schiacciateli con i rebbi di una forchetta e riportate a bollore. Bagnate con 1 mestolo di brodo di pesce e portate a bollore.

**3** Aggiungete le lumache, incoperchiate e proseguite la cottura per una mezz'ora a fuoco basso. Profumate con un po' di peperoncino (secondo il vostro gusto) e con prezzemolo tritato e levate dal fuoco.

**4** Strofinate le fette di pane con l'aglio rimasto, condite con un filo di olio, infornate e fate tostare. Distribuite le lumache con il loro sughetto nei coccetti individuali, aggiungete 1 fetta di pane tostato e servite mettendo a disposizione degli ospiti le forchettine, per estrarre i molluschi dalle conchiglie.

# **ASPIC** AL SALMONE

20 minuti + riposo

5 minuti

**INGREDIENTI per 6-8 persone**

- **300 g di salmone affumicato a fettine sottili**
- **100 g di uova di salmone**
- **200 g di ricotta**
- **6 fogli di colla di pesce**
- **1 ciuffo di aneto**
- **porto bianco**
- **brodo vegetale**

*vi servono inoltre*

- **stampini a tronco di cono**

**1** Fate ammollare la colla di pesce in acqua fredda. Filtrate 1 l di brodo e scaldatelo in una casseruola con 4 cucchiai di porto. Unite la colla di pesce, ben strizzata, e incorporate. Tenete da parte e lasciate intiepidire.

**2** Raccogliete la ricotta in una ciotola, profumate con un po' di aneto tritato e mescolate. Versate poca gelatina in quattro stampini individuali e fatela scorrere anche sulle pareti. Mettete in frigorifero e lasciate raffreddare per qualche minuto.

**3** Levate, distribuite uno strato di salmone negli stampini e continuate con uno di ricotta. Coprite con un velo di gelatina e rimettete in frigo. Procedete allo stesso modo fino a esaurire gli ingredienti, terminando con la gelatina. Mettete nuovamente in frigo e fate raffreddare per almeno 3 ore. Capovolgete e servite.

# SOUFFLÉ DI CARDONCELLI

45 minuti

40 minuti

**INGREDIENTI per 4-6 persone**

- 1/2 l di latte
- 60 g di burro (più altro per le cocotte)
- 60 g di farina
- 3 cucchiai di cacio dolce grattugiato
- 200 g di cardoncelli
- 3 tuorli
- 3 albumi
- 4 fette di speck
- 1 scalogno
- 1 ciuffo di prezzemolo
- noce moscata
- olio extravergine di oliva
- sale e pepe

*vi servono inoltre*

- 4-6 cocottine individuali

**1** Fate fondere il burro in una casseruola, unite la farina setacciata e proseguite la cottura, mescolando continuamente. Levate dal fuoco e sempre mescolando, aggiungete il latte bollente.

**2** Rimettete sul fuoco, abbassate la fiamma e portate a bollore, continuando a mescolare. Condite con un pizzico di sale, profumate con un po' di pepe e con una grattugiata di noce moscata e proseguite la cottura fino a ottenere una besciamella densa.

**3** Tritate lo scalogno e mondate i funghi. Fate appassire lo scalogno in una padella con un filo di olio. Aggiungete i funghi e fateli trifolare per qualche minuto, mescolando ogni tanto. Poco prima del termine, profumate con un po' di prezzemolo tritato.

**4** Incorporate alla besciamella prima il cacio dolce e quindi i tuorli, uno alla volta. Unite i funghi trifolati, mescolate e levate dal fuoco. Montate a neve fermissima gli albumi e uniteli delicatamente al composto ormai freddo, mescolando dal basso verso l'alto.

**5** Imburrate le cocottine individuali e foderatele con le fette di speck tagliate a misura. Riempite le cocottine fino a 3/4 con il composto preparato. Mettete in forno già caldo a 180 °C e fate cuocere per 18-22 minuti circa (senza mai aprire il portello del forno). Trascorso il tempo, levate e servite immediatamente.

# FRITTI
# E FRITTINI

# ARANCINE AL NERO DI SEPPIA

30 minuti + riposo

20 minuti

**INGREDIENTI**
**per 4-6 persone**

- 300 g di riso
- 2 bustine di nero di seppia
- 1 seppia già pulita
- 100 g di pisellini già sgranati
- 1 scalogno
- 1 bicchiere di vino bianco
- 1 l di brodo di pesce
- 3 uova
- burro
- farina
- pangrattato
- olio di semi di arachide
- olio extravergine di oliva
- sale

**1** Tagliate la seppia a listerelle e poi a dadini. Tritate lo scalogno e fatelo soffriggere dolcemente in una padella con un filo di olio. Aggiungete la dadolatina di seppia e lasciate insaporire. Versate il riso e tostatelo per un paio di minuti, mescolando ogni tanto.

**2** Bagnate con il vino e fate sfumare. Unite un mestolo di brodo e portate a cottura il risotto, aggiungendo altro brodo man mano che viene assorbito.

**3** A 10 minuti del termine colorate con il nero di seppia, e dopo 5 minuti, completate con i pisellini. Al termine, levate e mantecate con una noce di burro; quindi distribuite il risotto in una teglia, livellatelo con il dorso di un cucchiaio e lasciatelo raffreddare.

**4** Modellate con il risotto tante arancine delle dimensioni di una pallina da ping pong. Passatele nelle uova sbattute e poi nel pangrattato e premete, per far aderire bene la panatura.

**5** Scaldate abbondante olio in una padella e friggeteci le arancine. Man mano che sono pronte, scolatele su un foglio di carta assorbente da cucina. Al termine, portate in tavola e servite.

# SPIEDINI DI COZZE
## IMPANATE

20 minuti

10 minuti

**INGREDIENTI**
**per 4 persone**

- **20 cozze**
- **2 scalogni**
- **1 spicchio di aglio**
- **1 ciuffo di prezzemolo**
- **1 ciuffo di timo**
- **2 uova**
- **rucola**
- **pomodorini**
- **vinaigrette al balsamico**
- **1/2 bicchiere di vino bianco**
- **farina**
- **pangrattato**
- **olio di semi di arachide**
- **olio extravergine di oliva**
- **sale e pepe**

**1** Affettate sottilmente gli scalogni e fateli appassire in una casseruola con 3-4 cucchiai di olio di oliva e l'aglio, schiacciato. Unite le cozze, bagnate con il vino e spolverizzate con un po' di prezzemolo tritato. Incoperchiate e fate aprire a fuoco dolce.

**2** Sgusciate i molluschi dalle conchiglie e infilzateli a cinque a cinque in lunghi spiedini, accostandole le une alle altre. Setacciate la farina in un piatto piano. Miscelate il pangrattato con un po' di timo, tritato, in un secondo piatto. Sgusciate le uova in un terzo piatto e sbattetele con una forchetta, giusto per slegarle.

**3** Passate gli spiedini di cozze prima nella farina, girandoli ben bene, quindi nelle uova sbattute e infine nell'impanatura. Scaldate abbondante olio in una padella e friggete gli spiedini finché sono dorati (ci vorranno più o meno 3-4 minuti).

**4** Scolate gli spiedini su un foglio di carta assorbente da cucina, condite con un pizzico di sale e una macinata di pepe e servite. Accompagnate con rucola e pomodorini, e una ciotolina di vinaigrette al balsamico.

# CROCCHETTE DI GAMBERETTI ALLA MENTA CON MAIONESE AL LIME

40 minuti

30 minuti

**INGREDIENTI**
**per 4-6 persone**

- **200 g di gamberetti**
- **1-2 patate**
- **200 g di filetti di merluzzo**
- **1 rametto di prezzemolo**
- **1 rametto di menta**
- **1 uovo**
- **farina**
- **olio di semi di arachide**
- **sale**

*per la maionese al lime*

- **1 dl di olio di semi di arachide**
- **1 uovo**
- **1 lime**
- **2-3 cucchiaini di yogurt**

**1** Sbucciate le patate, tagliatele a cubetti e lessatele per 20 minuti in acqua bollente, leggermente salata. Poi scolatele e schiacciatele con una forchetta.

**2** Sgusciate i gamberetti, incideteli sul dorso ed eliminate il filamento scuro dell'intestino. Pulite i filetti di merluzzo eliminando eventuali lische residue. Raccogliete gamberi e merluzzo nel bicchiere del mixer e frullate.

**3** Aggiungete l'uovo, profumate con abbondante prezzemolo e menta, tritati, condite con un pizzico di sale e frullate ancora, brevemente. Amalgamate tutto alle patate schiacciate e formate con il composto tante crocchette rotonde grandi come una noce. Quindi passatele nella farina.

**4** Scaldate abbondante olio in una padella e friggeteci le crocchette. Man mano che sono pronte, scolatele su un foglio di carta assorbente da cucina. Al termine, salatele e servitele con a parte la maionese al lime.

**5** Per la maionese. Procedete come per una maionese "normale", sostituendo il lime al succo di limone. Al termine, incorporate lo yogurt e distribuite la maionese in ciotoline individuali.

# CIUFFETTI FRITTI
## SEMPLICISSIMI

10 minuti

5 minuti

**INGREDIENTI**
**per 4-6 persone**

- **800 g di ciuffetti di calamaretti già puliti**
- **1 limone**
- **farina**
- **olio extravergine di oliva**
- **sale**

**1** Sciacquate i ciuffetti sotto l'acqua corrente. Asciugateli bene, tamponandoli con un foglio di carta assorbente da cucina o con un canovaccio pulito, quindi passateli in abbondante farina. Mescolate, raccoglieteli in un setaccio e agitate per eliminare la farina in eccesso.

**2** Scaldate abbondante olio in una padella, tuffate i ciuffetti, pochi alla volta, e fateli friggere fino a doratura. Man mano che sono pronti, scolateli su un foglio di carta assorbente da cucina. Al termine, salateli e serviteli in piccoli cartoccetti, con una spruzzata di limone.

# PACCHERI RIPIENI
## DI CREMA AL PESTO SU CIALDA DI SCAMORZA

30 minuti + riposo

20 minuti

**INGREDIENTI**
**per 4-6 persone**

- 200 g di paccheri
- 150 g di scamorza
- 1 spicchio di aglio
- 3 uova
- pangrattato
- farina
- olio di semi di arachide
- sale e pepe

*per il pesto*
- 2-3 mazzetti di basilico
- 30 g di pinoli già pelati
- 50 g di parmigiano grattugiato
- 100 g di ricotta asciutta
- 1 spicchio di aglio
- olio extravergine di oliva

*vi servono inoltre*
- pirottini di carta

**1** Preparate il pesto: sciacquate il basilico, asciugatelo e sfogliatelo. Raccogliete le foglie nel bicchiere del mixer, unite l'aglio, il parmigiano e i pinoli, e frullate versando a filo l'olio necessario a ottenere un pesto cremoso. Levate, incorporate la ricotta, coprite con un foglio di pellicola trasparente e mettete in frigo.

**2** Lessate i paccheri in acqua leggermente salata, scolateli al dente (tenendo da parte l'acqua di cottura), distribuiteli su un canovaccio pulito e lasciateli raffreddare.

**3** Sgusciate le uova in un piatto, conditele con sale e pepe e sbattetele leggermente per slegarle. Farcite i paccheri con la crema al pesto, quindi impanateli, passandoli prima nella farina, poi nelle uova e infine nel pangrattato.

**4** Scaldate abbondante olio di semi in una padella e friggete i paccheri. Man mano che sono ben dorati, scolateli su un foglio di carta assorbente da cucina.

**5** Tagliate la scamorza in fette molto sottili. Stendete le fette su una teglia foderata con carta forno e passatele sotto il grill del forno, fino a ottenere delle cialde croccanti. Distribuite i paccheri sulle cialde di scamorza, e quindi nei pirottini di carta. Portate in tavola e servite.

# **OLIVE** ASCOLANE

60 minuti + riposo

15 minuti

**INGREDIENTI**
**per 6-8 persone**

- 1 kg di olive verdi (varietà ascolana)
- 100 g di polpa di manzo
- 100 g di polpa di maiale
- 100 g di pollo
- 100 g di parmigiano grattugiato
- 3 uova
- 1 carota
- 1 cipolla
- 1 costa di sedano
- 1 bicchiere di vino bianco
- 30 g di mollica di pane
- 1/2 limone
- noce moscata
- farina
- pangrattato
- olio extravergine di oliva
- sale

**1** Mondate e tritate carota, cipolla e sedano, e fate soffriggere in una casseruola con un filo di olio. Aggiungete le carni, tagliate a cubetti, e fatele rosolare. Bagnate con il vino bianco e fate sfumare. Regolate di sale, spegnete e lasciate raffreddare, quindi passate tutto al mixer.

**2** Trasferite il composto in una ciotola, profumate con una grattugiata di noce moscata e con la scorza grattugiata del 1/2 limone, unite 1 uovo, la mollica di pane sbriciolata e il parmigiano grattugiato, e amalgamate.

**3** Snocciolate delicatamente le olive, farcitele con il composto e ridate loro la forma originaria. Sgusciate le uova rimaste in un piatto e sbattetele leggermente. Passate le olive farcite prima nelle uova sbattute, poi nella farina e quindi nel pangrattato, premendole leggermente con le mani. Lasciatele riposare per 30 minuti e ripetete l'operazione.

**4** Trascorso il tempo, friggetele in abbondante olio ben caldo. Man mano che sono pronte e ben dorate, scolatele su carta assorbente da cucina. Al termine, portatele in tavola e servitele ben calde.

# MINIPANZEROTTI
FRITTI

20 minuti

10 minuti

**INGREDIENTI**
**per 4 persone**

- 400 g di pasta per pizza
- 200 g di mozzarella
- 100 g di prosciutto cotto in fetta unica
- 100 g di pomodori pelati
- farina
- olio di semi di arachide
- olio extravergine di oliva
- sale e pepe

**1** Affettate la mozzarella, tagliatela a dadini e lasciateli scolare in un colapasta. Tagliate a dadini anche il prosciutto cotto. Raccogliete i pelati in un piatto, schiacciateli con una forchetta e conditeli con un filo di olio extravergine, una macinata di pepe e un pizzico di sale.

**2** Lavorate per qualche minuto la pasta per pizza su una spianatoia, leggermente infarinata. Stendetela in una sfoglia spessa circa 1/2 cm e ritagliate con un coppapasta tanti dischi del diametro di 8 cm.

**3** Farcite metà dischi con il prosciutto e metà mozzarella, e gli altri con la mozzarella rimasta e i pelati. Piegate i dischi a metà e sigillate bene i bordi.

**4** Scaldate abbondante olio di semi in una padella e friggeteci i minipanzerotti. Man mano che sono pronti, scolateli su carta assorbente da cucina. Portate in tavola e serviteli caldi.

# IN PUNTA DI DITA

# BOCCONCINI AI FORMAGGI
IN GRANELLA

10 minuti + riposo

**INGREDIENTI per 4 persone**

- 150 g di chèvre
- 12 mozzarelline ciliegine
- 2 cucchiai di panna
- 20 g di semi di lino
- 20 g di semi di girasole
- 20 g di semi di papavero
- 60 g di granella di pistacchi
- olio extravergine di oliva
- sale e pepe

**1** Raccogliete lo chèvre in una ciotola e lavoratelo con un cucchiaio di legno. Unite la panna e mescolate. Condite con un pizzico di sale e una macinata di pepe e mettete in frigo per circa 1 ora.

**2** Miscelate i semi e versate la miscela in una ciotola. Formate tante palline piccole con il composto di chèvre e passatele nella miscela per ricoprirle. Infilzate ogni pallina in uno spiedino.

**3** Condite le ciliegine di mozzarella con un filo di olio, fatele rotolare nella granella di pistacchi e infilzatele in altri spiedini (una per spiedino). Portate i bocconcini in tavola e servite.

# BOCCONCINI DI CAPESANTE E PANCETTA CON CREMA DI CARCIOFI

40 minuti

20 minuti

**INGREDIENTI per 6 persone**

- 24 capesante
- 100 g di pancetta affumicata tagliata a fette sottili
- 4 carciofi
- 1/2 bicchiere di vino bianco
- 4 dl di panna
- 1 ciuffo di prezzemolo
- 1 limone
- burro
- olio extravergine di oliva
- sale e pepe

**1** Mondate i carciofi, eliminate i gambi e le foglie esterne più dure, spuntateli e fateli a fette sottili. Sbollentateli per pochi minuti in acqua acidulata con succo di limone. Poi scolateli.

**2** Fate fondere una noce di burro in una casseruola con 2-3 cucchiai di olio. Unite i carciofi e lasciate insaporire. Bagnate con il vino e fate sfumare. Versate 1-2 mestoli di acqua, incoperchiate e fate stufare. Profumate con prezzemolo e con una macinata di pepe e frullate tutto.

**3** Versate il passato di carciofi nella stessa casseruola, unite la panna, mescolate e mettete sul fuoco. Appena la panna comincia a rapprendersi, levate e tenete da parte. Prima di unire la panna, se il passato di carciofi risultasse troppo acquoso, fatelo restringere per qualche minuto, mescolando.

**4** Sgusciate le capesante e avvolgetene ciascuna in un po' di pancetta, tagliata a misura. Infilzate le capesante in altrettanti spiedini.

**5** Scaldate 2-3 cucchiai di olio in una padella, unite i minispiedini e fateli cuocere finché la pancetta sarà rosolata. Servite gli spiedini con a parte la crema di carciofi preparata.

# TARTUFI DI CHIANINA
## AL CUORE DI MOZZARELLA DI BUFALA

30 minuti + riposo

20 minuti

**INGREDIENTI**
**per 6-8 persone**

- **800 g di polpa di chianina tritata**
- **1 uovo**
- **100 g di parmigiano**
- **1 bicchiere di latte**
- **250 g di mozzarella di bufala**
- **100 g di pane raffermo**
- **5 fette di pancarré senza crosta**
- **semi di papavero**
- **olio extravergine di oliva**
- **sale e pepe**

*vi servono inoltre*
- **pirottini di carta**

**1** Fate ammorbidire il pane raffermo in una ciotola con il latte. Una volta ammorbidito, aggiungete la polpa di carne tritata, l'uovo e il parmigiano. Regolate di sale, profumate con una macinata abbondante di pepe e amalgamate.

**2** Coprite con un foglio di pellicola trasparente, mettete in frigo e lasciate riposare per almeno 30 minuti. Intanto, tagliate la mozzarella a dadini, raccogliete la dadolata in un colapasta e lasciatela scolare. Intanto frullate il pancarré con i semi di papavero.

**3** Modellate tante polpettine molto piccole con il composto di carne, mettendo al centro un dadino di mozzarella e richiudendole perfettamente. Ungetele leggermente, passatele nel trito di pancarré e distribuitele nei pirottini di carta.

**4** Infornate le polpettine in forno già caldo a 180 °C e fate cuocere per circa 20 minuti. Trascorso il tempo, levate, portate in tavola e servite.

# PRALINE DI CARNE ALLE QUATTRO PANATURE

30 minuti + riposo

20 minuti

**INGREDIENTI**
**per 4-6 persone**

- **500 g di polpa di manzo tritata**
- **100 g di parmigiano grattugiato**
- **1 uovo**
- **100 g di pangrattato**
- **latte**
- **semi di sesamo**
- **semi di papavero**
- **farina di mais**
- **granella di pistacchi**
- **olio extravergine di oliva**
- **sale e pepe**

*vi servono inoltre*
- **pirottini di carta**

**1** Raccogliete la carne tritata in una ciotola. Aggiungete l'uovo, 1 bicchiere di latte, il pangrattato e il parmigiano grattugiato; regolate di sale, pepate e amalgamate. Coprite con un foglio di pellicola trasparente e mettete in frigo per almeno 30 minuti.

**2** Trascorso il tempo, levate e modellate tante polpettine di circa 2 cm di diametro. Passate 1/4 delle polpettine nei semi di sesamo, 1/4 in quelli di papavero, 1/4 nella granella di pistacchi e quelle rimaste nella farina di mais, premendole bene per far aderire le diverse panature.

**3** Distribuite le polpettine assortite nei pirottini di carta e condite con un filo di olio. Trasferite tutto in una teglia, mettete in forno già caldo a 180 °C e fate cuocere per circa 20 minuti. Trascorso il tempo, levate, portate in tavola e servite.

# SPIEDINI DI POLENTA E PROSCIUTTO CON FONDUTA DI GORGONZOLA

15 minuti + riposo

15 minuti

**INGREDIENTI**
**per 6 persone**

- 3 fette spesse di polenta
- 100 g di prosciutto crudo a fette sottili
- 350 g di gorgonzola
- 2 dl di latte
- 2 tuorli
- burro
- olio extravergine di oliva
- pepe

**1** Tagliate il gorgonzola a dadini, raccogliete la dadolata in una ciotola, copritela di latte e lasciatela riposare per una mezz'ora, mescolando ogni tanto. Tagliate le fette di polenta a cubotti non troppo piccoli. Avvolgete ogni cubotto in un po' di prosciutto e infilzatene 4 a 4 in lunghi spiedini di legno.

**2** Trasferite il gorgonzola con il latte in un pentolino e fate fondere a bagnomaria, mescolando con una frusta. Quando il formaggio è completamente fuso, incorporate i tuorli, leggermente sbattuti, e proseguite la cottura fino a ottenere una crema liscia e vellutata.

**3** Pepate e trasferite la fondutina in cocotte scaldate in forno. Fate dorare gli spiedini di polenta in una padella con 1 cucchiaio di olio e una noce di burro e serviteli con la fondutina a parte.

# SPIEDINI DI PROSCIUTTO
## D'ANATRA AFFUMICATO SU GELÉE DI AGRUMI

45 minuti + riposo

10 minuti

**INGREDIENTI per 6 persone**

- 8 arance
- 2 pompelmi
- 3 fogli di colla di pesce
- 100 g di zucchero
- 200 g di prosciutto d'anatra affumicato
- 200 g di mozzarella
- cannella
- chiodi di garofano
- pepe

*vi serve inoltre*

- uno stampo da plumcake

**1** Fate ammollare la colla di pesce in acqua fredda. Spremete il succo di 6 arance e filtratelo. Pelate al vivo le arance rimaste e i pompelmi, ricavate gli spicchi e tagliateli a dadini. Versate il succo d'arancia in una casseruola. Unite lo zucchero, profumate con un pizzico di cannella, i chiodi di garofano e qualche grano di pepe, mettete sul fuoco e portate a ebollizione.

**2** Levate, lasciate riposare lo sciroppo ottenuto per qualche minuto, poi filtrate. Al termine, incorporate la colla di pesce, ben strizzata. Foderate uno stampo da plumcake con un foglio di carta forno. Versateci uno strato del composto e lasciate intiepidire.

**3** Distribuite nello stampo un po' dei cubetti di agrumi e di nuovo coprite con il composto e lasciate raffeddare. Ripetete la sequenza degli strati, fino a esaurire gli ingredienti e terminate con il composto gelatinato. Lasciate intiepidire, quindi, mettete in frigo per almeno 2 ore. Intanto tagliate la mozzarella a dadini. Raccoglieteli in un colapasta e lasciate riposare per una ventina di minuti. Sformate la gelée di agrumi dallo stampo e tagliatela a cubotti.

**4** Infilzate una fettina di prosciutto, un dadino di mozzarella e un cubotto di gelée in ogni spiedino, disponeteli su un piatto da portata e mettete al fresco, fino al momento di servire.

Bride to bE

# FRITTATA DI SPAGHETTI
## CON SCAMORZA E SALSICCIA

15 minuti + riposo

20 minuti

**INGREDIENTI**
**per 6-8 persone**

- 300 g di spaghetti
- 1 bustina di zafferano
- 4 uova
- 200 g di scamorza affumicata
- 170 g di salsiccia napoletana piccante
- 2 cucchiai di prezzemolo tritato
- 20 g di parmigiano grattugiato
- 20 g di pecorino grattugiato
- olio extravergine di oliva
- sale e pepe

**1** Lessate gli spaghetti in abbondante acqua leggermente salata e aromatizzata con lo zafferano. Scolateli al dente e passateli velocemente sotto l'acqua fredda. Sgocciolateli bene e sistemateli in una terrina.

**2** Con un coltellino ben affilato tagliate la scamorza a tocchetti non troppo piccoli. Spellate la salsiccia e tagliatela a dadini. Sbattete le uova con il prezzemolo tritato, metà parmigiano e pecorino, e un pizzico di sale e di pepe. Incorporate le uova sbattute agli spaghetti e amalgamate con cura.

**3** Scaldate 2-3 cucchiai di olio in una padella, unite metà del composto di spaghetti, distribuitevi sopra la salsiccia, 3/4 della scamorza e i formaggi grattugiati restanti; coprite con il composto rimanente, incoperchiate e cuocete la frittata a fuoco dolce per 5-6 minuti, finché sulla base si sarà formata una crosticina dorata; giratela, aiutandovi con il coperchio, e cuocete anche l'altro lato.

**4** Tagliate la frittata a cubotti e guarnite la superficie di ciascuno con dadini di scamorza. Servitela tiepida o fredda.

# PER STUPIRE

# CAPESANTE
## CON FONDUTA DI PORRI E ZABAIONE DI CHAMPAGNE

| | |
|---|---|
| 50 minuti | 25 minuti |

**INGREDIENTI per 6 persone**

- **12 capesante già spurgate**
- **6 porri**
- **6 tuorli**
- **4,5 dl di champagne rosé**
- **burro**
- **semi di papavero**
- **pepe rosa in grani**
- **sale e pepe bianco**

**1** Pulite e mondate i porri, eliminate la parte radicale e le foglie verdi e tagliateli a listerelle sottili. Fate fondere una noce di burro in una casseruola. Unite i porri e fateli stufare a fuoco medio per 15 minuti, bagnandoli di tanto in tanto con poca acqua. Al termine dovranno risultare ben appassiti e il liquido perfettamente assorbito.

**2** Versate i tuorli in una bastardella e lavorateli con una frusta, aggiungendo man mano lo champagne. Trasferite la bastardella in un bagnomaria, con l'acqua appena bollente, e continuate a lavorare con la frusta (a fuoco dolce), finché lo zabaione inizierà a ispessirsi e a montare.

**3** Aggiungete 40 g di burro fuso, un pizzico di sale e una macinata di pepe bianco, e continuate a lavorare finché lo zabaione sarà montato perfettamente. Spegnete e mettete da parte, mescolando di tanto in tanto.

**4** Aprite le capesante, estraete i molluschi e sciacquateli. Asciugateli con un foglio di carta assorbente da cucina, quindi staccate la parte rossa (corallo, che non utilizzerete) da quella bianca (noce).

**5** Fate fondere 10 g di burro in una padellina, unite le noci di capesante e fatele saltare da entrambi i lati per 1 minuto. Distribuite i porri stufati nelle verrine di vetro individuali che possano passare in forno. Aggiungete le noci di capasanta e completate con qualche cucchiaio di zabaione. Mettete in forno per 5 minuti a 200 °C, poi levate, decorate con qualche grano di pepe rosa, e un pizzico di semi di papavero, e servite.

# ASSAGGIO DI LINGUINE ALLE OSTRICHE E CAVIALE

30 minuti

15 minuti

**INGREDIENTI**
**per 6 persone**

- 12 ostriche
- 240 g di linguine
- 1 bustina di zafferano
- 1 vasetto di caviale
- 1 bicchiere di champagne
- 1 scalogno
- succo di limone
- burro
- olio extravergine di oliva
- sale e pepe

**1** Con un panno tenete l'ostrica con la valva concava verso il basso. Quindi inserite la lama del coltello apriostriche, nella parte posteriore della cerniera, forzando leggermente.

**2** Fate penetrare la lama tra le due valve e scorretela in avanti, per aprirla completamente. Talvolta, come in questo caso, è necessario recuperare l'acqua delle ostriche. Quando le aprite, dunque, tenetele leggermente inclinate, sopra una ciotola. Una volta aperte tutte le ostriche, passate l'acqua attraverso un colino, foderato con una mussola bianca, per filtrarla.

**3** Recidete il peduncolo del muscolo e rimuovete la valva superiore. Quindi con la lama staccate il muscolo dalla valva inferiore. Fate fondere una noce di burro in una casseruola, unite 1/2 bicchiere di champagne e fate ridurre della metà. Unite i molluschi e levate subito dal fuoco.

**4** Affettate finemente lo scalogno e fatelo appassire in una padella con un filo di olio. Bagnate con lo champagne rimasto e fate sfumare. Lessate la pasta in acqua bollente leggermente salata, aromatizzata con lo zafferano. Scolatela bene al dente e fatela saltare per un minuto nella padella con lo scalogno e un po' dell'acqua delle ostriche, filtrata.

**5** Distribuite le linguine nelle valve concave delle ostriche, creando una sorta di matassina. Aggiungete in ogni conchiglia il suo mollusco, condite con il sughetto e completate con un cucchiaino di caviale. Spruzzate un po' di succo di limone, pepate e servite.

# MINISANDWICH DI POLENTA AL BACCALÀ MANTECATO E CAVIALE

15 minuti + riposo

15 minuti

**INGREDIENTI per 6 persone**

- 1/2 kg di baccalà già ammollato e spellato
- 1 l di latte
- 80 g di caviale
- qualche fetta di polenta
- olio extravergine di oliva
- 1 bustina di zafferano
- 1 ciuffo di prezzemolo
- 1/2 spicchio di aglio
- sale

**1** Sciacquate il baccalà e lessatelo nel latte, in cui avrete disciolto lo zafferano, a fuoco basso in una pentola coperta per 20-30 minuti. Poi scolatelo (tenendo da parte il latte), spinatelo e lasciatelo asciugare in un colapasta per una mezz'ora.

**2** Trascorso il tempo, strizzate la polpa e raccoglietela nel bicchiere del mixer. Unite l'aglio e il prezzemolo e iniziate a frullare, aggiungendo a filo l'olio necessario a ottenere un composto bianco e spumoso. Condite con un pizzico di sale e continuate a frullare, aggiungendo anche qualche cucchiaio del latte di cotura: il necessario per dare una consistenza cremosa.

**3** Scaldate le fette di polenta in forno. Levatele e con un coppapasta rotondo ritagliate tanti crostini. Spalmate su un terzo dei crostini uno strato di baccalà, coprite con un cucchiaino di caviale e coprite con un altro crostino.

**4** Spalmate un altro strato di baccalà, continuate con il caviale e coprite con un terzo crostino. Guarnite in superficie con il caviale rimasto, infilzate i crostini con uno stecchino e servite.

# FAGOTTINI DI CRÊPES ALLA FONDUTA E TARTUFO

60 minuti

25 minuti

**INGREDIENTI**
**per 6-8 persone**

*per le crêpes*
- **1/2 l di latte**
- **3 uova**
- **175 g di farina**
- **300 g di ricotta**
- **100 g di parmigiano grattugiato**
- **12 uova di quaglia**
- **100 g di spinacini**
- **1 porro**
- **burro**
- **noce moscata**
- **sale e pepe**

*per la fonduta*
- **300 g di bitto**
- **1/2 l di latte**
- **3 tuorli**
- **tartufo nero**

**1** Per le crêpes: rompete le uova in una ciotola, unite la farina setacciata e il latte e lavorate con una frusta, fino a ottenere un pastella liscia e omogenea. Imburrate il padellino per le crespelle, mettete sul fuoco e scaldatelo.

**2** Versateci un mestolino di pastella, inclinate il padellino per distribuirla in modo uniforme e fate cuocere da un lato. Girate la crespella e proseguite la cottura dall'altro. Procedete allo stesso modo fino a esaurire la pastella. Sfilettate la parte verde del porro, per ottenere tante listerelle e sbollentatele qualche minuto.

**3** Sciacquate gli spinaci e lessateli per qualche minuto con la sola acqua residua del lavaggio. Poi scolateli, strizzateli e raccoglieteli nel bicchiere del mixer. Aggiungete la ricotta, ben scolata dal siero, e il parmigiano, e frullate fino a ottenere un composto omogeneo. Regolate di sale e profumate con una macinata abbondante di pepe.

**4** Farcite ogni crêpe con un po' del ripieno, sgusciando al centro del ripieno un uovo di quaglia. Quindi ripiegatele per ottenere tanti piccoli fagottini che legherete con le listerelle di porro.. Disponete i fagottini in una pirofila imburata, ben distanziati. Mettete in forno a 180 °C e fate cuocere per una decina di minuti.

**5** Per la fonduta: tagliate a dadini il bitto, raccogliete la dadolata in una casseruola con il latte, e fate fondere a bagnomaria a fuoco dolce. Al termine, incorporate i tuorli uno alla volta, fino a ottenere un salsa cremosa. Servite i fagottini di crêpes come antipasto su un velo di fonduta arricchita con abbondanti lamelle di tartufo.

# PROFITEROLES
## ALLA FONDUTA E PANCETTA AFFUMICATA

40 minuti + riposo

20 minuti

**INGREDIENTI**
**per 6 persone**

- 24 bignè (burro, farina, acqua, sale e uova - vedi ricetta base a pag. 11)

*per il ripieno*
- 1/2 cipolla
- 100 g di pancetta affumicata
- 1/2 l di latte
- 50 g di burro
- 60 g di farina
- 3 tuorli
- olio extravergine di oliva
- sale e pepe

*per la salsa*
- 2,5 dl di panna fresca
- 200 g di fontina
- 100 g di parmigiano grattugiato
- 100 g di pancetta affumicata

**1** Per il ripieno: tritate la pancetta e la cipolla e fatele soffriggere in una padella con un filo di olio; poi levate e tenete da parte.

**2** Preparate una besciamella: fate fondere il burro a fuoco medio in una casseruola. Unite la farina e proseguite la cottura, mescolando continuamente.

**3** Levate dal fuoco e aggiungete il latte caldo. Rimettete sul fuoco, abbassate la fiamma e portate a bollore. Condite con sale e pepe, incoperchiate e proseguite la cottura per 10-15 minuti, sempre a fuoco dolcissimo fino a ottenere una besciamella densa. Levate e lasciate intiepidire.

**4** Una volta tiepida, incorporate i tuorli, uno alla volta, e il soffritto alla pancetta. Quindi, trasferite il composto in un sac-à-poche e farcite i bignè.

**5** Per la salsa: tagliate la fontina a dadini, raccoglieteli in un pentolino con la panna, mettete sul fuoco e fateli fondere dolcemente, mescolando ogni tanto. Infine, incorporate anche il parmigiano. Tagliate a listerelle la pancetta e fatele rosolare in una padella finché diventano croccanti.

**6** Formate una piramide con i bignè farciti. Colate sopra la salsa, decorate con le listerelle croccanti di pancetta, portate in tavola e servite.

# ANTIPASTI E FINGER FOOD
# **DALLA A ALLA Z**

Antipasti e finger food
A cura di
Alice Cucina

REDAZIONE
via Tiburtina 924, 00156 Roma
staff.alicemagazine@ltmultimedia.tv
DIRETTORE RESPONSABILE
Valter La Tona
VICEDIRETTORE
Giulia Macrì - giulia.macri@ltmultimedia.tv
CAPOREDATTORE
Francesco Monteforte Bianchi
francesco.monteforte@ltmultimedia.tv
REDAZIONE
Emanuela Bianconi - emanuela.bianconi@ltmultimedia.tv
SEGRETERIA DI REDAZIONE
Luisa Sbroscia - luisa.sbroscia@ltmultimedia.tv
REVISIONE TESTI
Mariaelisa Bianchi
IMPAGINAZIONE
Alessia Carrozzi
FOTOGRAFIE
E. Andreini, C. Bellasio, F. Brambilla, A. Gambini, C. Gargioni, T. Mattiello, S. Rossi, S. Serrani, R. Sammartini
LT EDITORE srl
Società controllata da LT Multimedia srl
LT MULTIMEDIA srl
via Tiburtina 924, 00156 Roma
lteditore@ltmultimedia.tv
www.ltmultimedia.tv



STAMPA
Tipolitografia Trullo
Via Ardeatina, 2479 - 00134 Roma
Tel. +39 06 6535677
Fax +39 06 71302758
info@tipolitografiatrullo.it
www.tipolitografiatrullo.it

ISBN: 978-88-6107-197-1

Finito di stampare ottobre 2013

Nella stessa collana:

MamaPetra®
impasta lievito madre
e farina Petra® macinata
a pietra in purezza.
Riscopri i profumi e i
sapori di un tempo
con le qualità nutrizionali
di una dieta moderna.
il pane come a casa mia
TUBDESIGN.IT 2013
T. 0429 649110
www.farinapetra.it
Petra®
MOLINO QUAGLIA
dovelafarinadiventaarte®

# Alpenglück

## Essen, Shoppen, Sport, Kultur

**Das Extra-Heft zum Buch:**

Über 170 zusätzliche Tipps

*Idyllisches Ötztalinventar: Gipfel, Kircherl, Wiesen, Höfe, Fluss und Brückerl.*

# Tipps rund um ...

## Deutschland



## Österreich



## Slowenien



## Italien



## Schweiz



## Frankreich

# Deutschland

## 01 Rund um Oberstdorf

### Essen

**Ess Atelier Strauss**
Stern-prämierte Feinschmeckereien in feinem Ambiente bietet das Restaurant im Hotel Löwen & Strauss. Verarbeitet werden Produkte von ganz nahen Bergen und aus ziemlich weit entfernten Meeren.
Kirchstr. 1, Oberstdorf, Tel. +49 83 22/80 00 88, Do–So 18–24 Uhr, www.loewen-strauss.de

**Brauereigasthof Hirsch**
Eine Institution im Oberallgäu. Bayerisch-österreichische Schmankerl zum Sattwerden, von Schweinshaxe bis Kaiserschmarrn. Man bietet auch spezielle Biermenüs an.
Hirschstr. 2, Sonthofen, Tel. +49 83 21/6 72 80, Mi–Mo 10–24 Uhr, www.brauereigasthof-hirsch.com

### Sporteln

**Alpininfo**
Die neue digitale Plattform bietet aktuellste Informationen über die Oberstdorfer Berge, Hütten und Wege für einen oder mehrere Tage – mit detaillierten Tourenbeschreibungen samt Höhenprofilen und GPS-Downloads und zuverlässigem Wetterbericht.
www.oberstdorf.de/alpininfo

*Tolle Kombination aus rustikal und schick: das Ess Atelier Strauss (➤ S. 6) im Hotel Löwen & Strauss in Oberstdorf, das alpinen Lifestyle zelebriert.*

## 02 Ostallgäu

### Essen

**Schlossanger Alp**
Küchenchefin Barbara Schlachter-Ebert legt Wert auf kurze Wege: Das Kalbfleisch liefert die »Pfrontner Agrar Direktvermarktung«, der Käse kommt aus Pfronten-Steinach, das Wild von Pfrontner Jägern, der Wein – okay, aus Baden und Franken.
Am Schlossanger 1, Pfronten, Tel. +49 83 63/91 45 50, 12–14 und ab 18.30 Uhr, www.schlossanger.de

**Restaurant Hirsch**
Feines Hotelrestaurant mit schönem Ambiente im fürstlichen Stadtpalast und gehobener Küche zwischen regional und international. Bei schönem Wetter setzt man sich gern unter die Kastanien im Biergarten.
Kaiser-Maximilian-Platz 7, Füssen, Tel. +49 836/29 39 80, tgl. 11.30–14 und 18 bis 21.30 Uhr, www.hotelhirsch.de

### Ausgehen

**Festspielhaus Füssen**
Vom Festspielhaus am Nordufer des Forggensees schaut man am Abend geradewegs hinüber auf die dunklen Berge und auf Schloss Neu-

schwanstein, wie es darunter im Scheinwerferlicht erstrahlt wie nicht von dieser Welt ... Das ist die Kulisse für das Musical »Ludwig²« – aber auch für viele andere Veranstaltungen.
Im See 1, Füssen,
Tel. +49 836/25 07 70,
www.das-festspielhaus.de

## Sporteln

### Radeln im Ostallgäu

Mit elf Regionalrouten für Genussradler ist das Ostallgäu vom Allgemeinen Deutschen Fahrrad-Club (ADFC) als RadReiseRegion zertifiziert worden. Die Routen heißen »Schlosspark im Allgäu«, »Emmentaler Radweg« oder »Burgen- und Schlösserrunde«, sind zwischen 25 und 65 km lang, sehr gut beschildert und mit allen erforderlichen Serviceleistungen wie Radverleih und Bahn- bzw. Busanbindung versehen. Es gibt auch Touren für Rennradler und Mountainbiker.
Tourismus Ostallgäu,
Schwabenstr. 11,
Marktoberdorf,
Tel. +49 83 42/91 15 06,
www.rad-ostallgaeu.de

# 03 Zugspitze und GAP

## Essen

### Koch's

Schweinsbraten ist Schweinsbraten? Nicht bei Familie Koch, die mitten in Garmisch, gleichwohl etwas versteckt, gehobene Kochkunst in sehr angenehmem Ambiente zelebriert. Brot und Pasta sind selbst gemacht, die (kleine) Speisekarte wechselt mit dem Angebot vom Markt.
Bankgasse 16, Garmisch-Partenkirchen, Tel. +49 88 21/9 69 89 99, Mi–Mo ab 17.30 Uhr, www.kochs-garmisch.de

### Flößerstube

Urige Adresse mitten in Garmisch-Partenkirchen, die sich großer Beliebtheit erfreut – unbedingt reservieren. Man sitzt eng auf eng und freut sich an »Richtig-was-auf-dem-Teller« ...
Schmiedstr. 2, Garmisch-Partenkirchen, Tel. +49 88 21/28 88, tgl. 11–14 und 17–0 Uhr

## Shoppen

### Build2Ride

Kaufen, was man selbst hergestellt hat: Das ist das Erfolgsrezept der sportverrückten Burschen von Build2Ride. Hier bekommt man Ski, Snowboards und Mountainbikes nach eigenen Vorstellungen, im selbst gewählten Design. Man kann die gewünschten Unikate freilich auch bei den kundigen Bastlern in Auftrag geben.
Ludwigstr. 15, Garmisch-Partenkirchen, Tel. +49 88 21/9 67 59 44, Mo–Fr 9.30–17, Sa 9–12 Uhr, www.build2ride.com

## Sporteln

### Skifahren

Deutschlands Skigebiet Nr. 1 verteilt sich auf zwei Reviere. »Garmisch-Classic« nennt sich das abwechslungsreiche Terrain zwischen Hausberg, Kreuzeck und Ostfelderkopf/Alpspitze; 18 Lifte bedienen hier 40 km Pisten in Höhen zwischen 740 m und 2050 m – darunter die berühmte Kandahar-Abfahrt. Oben auf dem Zugspitzplatt kommen noch einmal 20 sehr schneesichere Pistenkilometer dazu.
Bayerische Zugspitzbahn, Olympiastr. 27, Garmisch-Partenkirchen, +49 88 21/79 70, www.zugspitze.de

# 04 Tölzer Land

## Essen

### Reutbergstüberl

Bayerisch, gemütlich, deftig, gut. Knödl und Gröstl, Hirsch und Ente – und das gute Bier aus der Klosterbrauerei Reutberg. Liegt direkt neben dem Gesundheitszentrum in der Kurzone.
Bankgasse 16, Garmisch-Partenkirchen, Tel. +49 88 21/9 69 89 99, Mi–Mo ab 17.30 Uhr, www.kochs-garmisch.de

### Walgerfranz

Etwas nördlich von Bad Tölz speist man Fisch von allerbester Qualität. Forellen, Saiblinge

*Von außen sieht es klein aus, innen ist es ein Gourmettempel für die ganz großen Aromen: der Tölzer Kasladen (➤ S. 8).*

und Karpfen schwimmen gewissermaßen aus ihren Teichen, gleich nebenan, durch kundige Hände direkt auf die Teller.
Bairawieser Str. 43, Bad Tölz, Tel. +49 80 41/96 65, Do–Di 11–23 Uhr, www.forellenhof-walgerfranz.de

## Shoppen

### Tölzer Kasladen

Längst kein lokaler Geheimtipp mehr, sondern eine überregionale Instanz mit zahlreichen Filialen und Verkaufsstellen. Der Besuch im Stammhaus ist aber etwas Besonderes. Hier gibt es rund 200 Sorten Käse vom Feinsten – alle handwerklich produziert und von höchster Qualität.
Marktstr. 31, Bad Tölz, Tel. +49 8041/7 93 84 47, Mo–Fr. 9–18, Sa 8.30–16 Uhr, www.toelzer-kasladen.de

## Sporteln

### Raften und Paddeln

Hier werden Sie nass gemacht: Im Schlauchboot, Kanu oder Kajak geht es über die (nicht allzu) wilde Isar zwischen Sylvenstein-Stausee und Bad Tölz – natürlich unter fachkundiger Anleitung.
Snow and Raft, Marktstr. 4, Lenggries, Tel. + 49 179/2 16 03 89, www.snowandraft.de

# 05 Tegernsee und Schliersee

## Essen

### Bräustüberl

Eine oberbayerische Kultstätte. Immer voll und sehr laut. Die dick gemauerten Gewölbe im ehemaligen Kloster Tegernsee sind immer noch in der Hand der Einheimischen, die ihre Tische haben und so aussehen, wie sie das Wort »krachledern« nur unzureichend beschreibt. Touristen kommen auch, sogar in Scharen, und werden gern geduldet. Man kann auch schon zum Weißwurstfrühstück kommen. Am besten probiert man das großartige dunkle Bier aus der herzoglichen Brauerei (das helle ist auch gut), dazu eine Schweinshaxe oder das Bierbratl mit Kartoffelsalat.
Schlossplatz 1, Tegernsee, Tel. +49 80 22/41 41, tgl. 9–23 Uhr, www.braeustueberl.de

### Gourmetrestaurant Überfahrt

Im Jahr 2013 ließen die Reifenmännchen von Michelin beim Wegrollen endlich drei Sterne da. Christian Jürgens

*Gemütlich: Raften und Paddeln auf der Isar bei Lenggries (➤ S. 8).*

ist der unumstrittene Star-Koch in Oberbayern. Im edlen Ambiente (Braun-, Beige- und andere Erdtöne) entzückt der Meister sein Publikum mit einer höchst kreativen, dabei nie abgehobenen Verbindung von regionaler und internationaler Küche. Legendär sind sein »Speckbrot« und »Die Kiste« (Kartoffelwürfel, Perigord-Trüffelmousseline und Trüffelsalat). Die Preise? Wer will das denn wissen?
Überfahrtstr. 10, Rottach-Egern, Tel. +49 80 22/66 90, Fr–So ab 12, Mi–So ab 19 Uhr, www.seehotel-ueberfahrt.de

*Bietet sanfte Hänge, die auch für weniger wilde Pistenhelden geeignet sind: das Skigebiet am Sudelfeld (➤ S. 9).*

## Shoppen

### Gmund Papier Shop

Seit 1829 stellt die Manufaktur Gmund im gleichnamigen Ort am Ufer des Tegernsees edle und edelste Papiere her. Wer das Geschäft am Produktionsstandort besucht (weitere Läden in München, Hannover, Bremen, Innsbruck und, jawohl, Tokio), hat die Wahl zwischen verschiedensten Farben und Oberflächenstrukturen, feinen Notizheften und Blöcken, Briefpapieren, Karten und Kuverts, handgeschöpften Papieren und schönen Schreibgeräten. Für alle, die es noch nicht verlernt haben.
Mangfallstr. 5, Gmund am Tegernsee, Tel. +49 80 22/75 00 11, Mo–Fr 9.30–18.30, Sa 9.30–13.30 Uhr, www.gmund.com

## Sporteln

### Skifahren am Sudelfeld

Das schöne, familienfreundliche Skigebiet hinter Bayrischzell bietet 32 km Pisten und auf den weiten, offenen Hängen viele Gelegenheiten für Varianten im Tiefschnee – wenn er denn liegt.
Vereinigte Liftbetriebe Sudelfeld, Kirchplatz 2, Bayrischzell, Tel. +49 80 23/5 88, www.sudelfeld.de

# 06 Nationalparkregion Berchtesgaden

## Essen

### Wirtshaus Wachterl

2016 feierte man auf der Schwarzbachwacht, dem »Wachterl«, über Ramsau 200-jähriges Jubiläum. Geboten wird kompromisslos regionale Küche in uriger Atmosphäre: Fleisch und Wurst aus eigener Metzgerei, Fisch aus umliegenden Gewässern, Wild von den umliegenden Bergen. In den Sommermonaten Do geschl.
Alpenstr. 159, Ramsau, Tel. +49 86 57/2 85, tgl. 8–23 Uhr, www.wirtshaus-wachterl.de

### Bräustüberl Berchtesgaden

Sehr bayerische Location mit schönen alten Gaststuben, Festsaal, Malztenne und Biergarten. Zum Bier vom Hofbräuhaus Berchtesgaden lässt man sich Deftiges von Schwein, Wild und Geflügel schmecken.
Bräuhausstr. 13, Berchtesgaden, Tel. +49 86 52/97 67 24, tgl. 10–24 Uhr, www.braeustueberl-berchtesgaden.de

### Shoppen

#### Lederhosen Stanggassinger

Echte Lederhosen fertigt Säcklermeister Franz Stanggassinger wie eh und je in aufwendiger Handarbeit, natürlich aus bestem Hirschleder, nach Maß und mit individueller, kunstvoller Bestickung. Auf das Prachtexemplar wartet man gerne 18 Monate.
Marktplatz 10, Berchtesgaden, Tel. +49 86 52/26 85, Mo–Fr 8.30–12, 13–18, Sa 8.30–12 Uhr, www.lederhosenmacher.com

#### Enzian

Die Bitterstoffe aus der Wurzel der Enzianpflanze sind wertvoll und bekömmlich. Seit 1692 darf Familie Grassl – und nur die Familie Grassl – nach der heute streng geschützten Wurzel graben. Dann wird eingemaischt und gebrannt. Enzianschnaps ist echt bitter – Kult! Gibt's in der Gegend in jedem Lebensmittelladen.
Brennereibesichtigung: Salzburger Str. 105, Berchtesgaden, Tel. +49 86 52/9 53 60, Mai bis Okt. Mo–Fr 9–18, Sa 9–16, sonst 9–17/9–12 Uhr, www.grassl.com

### Sporteln

#### Watzmann & more

Die professionellen Wunsch-(traum)erfüller helfen einem auf den Watzmann und über legendäre Routen wie die »Große Reibn«, die winterliche Umrundung von Königssee und Watzmann mit Tourenski. Tages- und Mehrtagestouren, ganzjähriges Angebot.
Berchtesgadener Bergführerverein, Berchtesgadener Str. 21, Bischofswiesen, Tel. +49 86 52/9 78 96 90, www.berchtesgadener-bergfuehrer.de

# Österreich

## 07 Montafon

### Essen

#### Montafoner Stube

Mediterran verfeinerte Regionalküche im urigen Zirbenholzambiente. Dazu speist man im Hotel »Löwen« noch im ebenfalls mediterranen »Barga« (tgl. 12–14 und 18–21.30 Uhr).
Silvrettastr. 8, Schruns, Tel. +43 55 56/71 41, Mi–So 18–21 Uhr, www.loewenhotel.com

#### Dos

Anspruchsvolle Gourmetküche und bester Service im Bergdorf Brand. Auf den Tellern überraschen spanisch-europäische Kreationen mit Fisch und Fleisch, auf der Rechnung erstaunen die sehr fairen Preise.
Studa 83, Brand, Tel. +43 676/6 55 80 45, in der Saison tgl. 18–21.15 Uhr, www.restaurant-dos.at

### Shoppen

#### Exklusives vom Montafoner Steinschaf

Noch bis in die jüngere Vergangenheit vom Aussterben bedroht, macht das Montafoner Steinschaf eine neue Karriere. Die robusten Tiere werden wieder in ganz Vorarlberg gezüchtet – und liefern eine ausgezeichnete Wolle, die zu den verschiedensten (Haus-)Schuhen, Kleidungsstücken und Accessoires verarbeitet wird.
www.montafoner-steinschaf.com

### Sporteln

#### BergePLUS

Das Programm gegen Langeweile und zu geringen Puls. Einheimische Guides begleiten Gäste auf sportlichen Bike- und erholsamen Genusstouren durch die Montafoner Natur- und Kulturlandschaft. Von Gipfeltouren, Kletterpartien und

*Da steht der Rohstoff noch auf der Weide: Aus der Wolle des Montafoner Steinschafs (➤ S. 10) werden u. a. Schuhe und Accessoires hergestellt.*

Lama-Trekkings im Sommer bis zu Schneeschuhwanderungen im Winter sind die Angebote für Gäste der rund 200 BergePLUS-Partnerbetriebe kostenlos.
www.montafon.at

### Die große Silvretta-Skisafari

»Silvretta-Montafon« heißt das größte Skigebiet Vorarlbergs – mit 37 Liftanlagen und rund 140 Pistenkilometern zwischen Schruns, Silbertal, St. Gallenkirch-Gortipohl und Gaschurn. Wo es im Osten bei Partenen aufhört, beginnt die spannende und landschaftlich überwältigende Skisafari hinüber ins Tiroler Paznauntal. Frühmorgens fährt man von Partenen mit der Vermuntbahn zur Bergstation Trominier (1732 m) und mit dem Tunnelbus weiter hinauf zur Bielerhöhe. Dann geht es hinab nach Galtür, wo man in den nächsten Stunden die wunderbar weitläufigen Pisten unsicher machen darf. Nicht zu spät lässt man sich dann vom Pistenbully im Schlepptau aufs Zeinisjoch (1822 m) bringen, wo das krönende Finale startet: die Abfahrt ins Tal hinab nach Partenen. Man kann die Rundtour allein machen oder sich mit einer der Skischulen im Montafon in der Gruppe auf den Weg machen.
Silvretta Montafon, St. Gallenkirch 198a, Tel. +43 55 57/63 00, www.silvretta-montafon.at, www.silvretta-bielerhoehe.at/silvretta-skisafari

# 08 Ötztal

## Essen

### Vinorant

Geheimtipp in Längenfeld: Roland Grüners kleines, feines Restaurant bietet ausgezeichnete Küche, eine hervorragende Weinauswahl und herzlichen Service.
Oberlängenfeld 47 a, Längenfeld, Tel. +43 664/4 01 43 15, Do–Mo 18–24, So/Fei 11–14, 18–24 Uhr, www.vinorant.at

### Grüners Wirtshaus

Alles, was die Tiroler Küche an Leckereien bietet: Graukas-Suppe, Spinatknödel und Schlutzkrapfen, Schnitzel, Wild und Fisch. Und nicht vergessen: das wunderbare Tiroler Gröstl!
Außerwaldstr. 19, Sölden, Tel. +43 52 54/22 14, Do–Di 17.30–21, Sa/So 11.30–14 Uhr, www.gruener-soelden.com

## Sporteln

### Bike Republic Sölden

Der heiße Scheiß: Das eh Mountainbike-narrische Sölden hat sich zur »Bike Republic« erklärt – mit ungeshapten Nature Trails und frisch geshapten Flow Trails, mit einer Jump Line und der nötigen Infrastruktur samt Bergbahnen, Pumptrack, Bike-Wash, Shops und Hotels. Man spricht deutsch.
bikerepublic.soelden.com/de

### Bergsteigen

Auf die höchsten Ötztaler Gipfel, zum Beispiel auf die Wildspitze (3774 m), kommt man nicht mit dem Lift, sondern nur zu Fuß. Wer sich mit Gletscherspalten, steilem Fels und Steinschlag nicht auskennt und

*Rauf, runter, rauf, Hauptsache »rough«: In der Bike Republic Sölden (➤ S. 11) wurden etliche verrückte Trails angelegt.*

leicht die Orientierung verliert, begibt sich in die Hände eines Profis. Von denen gibt es im Tal eine Menge:
www.oetztal.com/bergfuehrer

### Area 47

Am Taleingang, an der Mündung der Ötztaler Ache in den Inn, liegt der größte Outdoor-Freizeitpark Österreichs: für alle Arten wilder Aktionen zu Land, zu Wasser und in der Luft, zum Schwindligwerden, Spaßhaben und Feiern. Jetzt neu mit großer Wakeboard Area.
www.area47.at

## 09 Innsbruck und Umgebung

### Essen

#### Dengg

Angesagte und von den entsprechenden Leuten sehr gern frequentierte Location, die als Bar, Café und Restaurant ganztägig besucht wird: für den City Lunch, für die süßen Teile aus der eigenen Patisserie, für das Abendessen mit regionalen Produkten.
Riesengasse 11–13, Innsbruck, Tel. +43 512/58 23 47, Mo–Fr 8.30–24, Sa 10–24 Uhr, www.dengg.co.at

#### Wilder Mann

Erstklassige Tiroler Küche genießt man im kleinen Dorf Lans auf der Mittelgebirgsterrasse südlich von Innsbruck. Die Zutaten stammen aus der eigenen Landwirtschaft.
Römerstr. 12, Lans, Tel. +43 512/37 73 87, tgl. 11–23 Uhr, www.wildermann-lans.at

### Shoppen

#### Märkte

Was die Tiroler Bauern so alles produzieren, kann sich sehen und schmecken lassen. Verlockende Bauernmärkte gibt es am Wiltener Platzl (Sa 7.30–12 Uhr) und am Sparkassenplatz (Fr 8.30–14.30 Uhr). Immer offen hat die Markthalle am Herzog-Siegmund-Ufer direkt am Inn (Mo–Fr. 7–18.30, Sa 7–13 Uhr).
www.innsbruck.info/erleben/shopping/maerkte

### Sporteln

#### Bungee Jumping von der Europabrücke

Sie ist 815 m lang und 192 m hoch und heute, anders als bei ihrer Eröffnung 1963 geplant, eine der spektakulärsten Bungee-Locations überhaupt. Wer von der Europabrücke der Brennerautobahn im Süden von Innsbruck springt, genießt (hoffentlich) sechs Sekunden freien Fall.
Hirner, Parkplatz Europabrücke 3, Schönberg im Stubaital, Tel. +43 316/68 87 77, Mai–Okt. Sa/So 11–15, Mitte Juli–Mitte Sept. auch Fr 13–17 Uhr, www.europabruecke.at

### Kultur

#### Swarovski Kristallwelten Wattens

Anno 1995, zum 100. Geburtstag des Unternehmens Swarovski – weltberühmt durch die Produktion von geschliffenem Kristallglas –, setzte der österreichische Multimediakünstler

und Kulturmanager André Heller neben das Betriebsgelände eine schwer beschreibbare Mischung aus Kunstpräsentation und Bling-Bling, die sich längst als die meistbesuchte Touristenattraktion Tirols etabliert hat. Der Besuch ist nicht billig, Eintrittsgebühr samt Shuttlebus von Innsbruck sind aber in der Innsbruck Card inkludiert. Die Kristallwelten wurden mehrfach umgebaut und erweitert, zuletzt im Winter 2014/15, ihr Wahrzeichen aber ist geblieben: der grasbewachsene Riese, durch dessen Wasser speienden Schlund man ins Innere gelangt. Wo in 14 »Wunderkammern« wechselnde Ausstellungen zu bestaunen sind, die das Thema Kristall auf vielfältige, oft verblüffende Weise inszenieren. Auch draußen, im 7,5 Hektar großen Park darf man sich zwischen allerlei natürlichen (z. B. Alpengarten) und künstlichen bzw. künstlerischen Installationen überraschen lassen. Dazu gibt es ein sehr umfangreiches Veranstaltungsprogramm.
Kristallweltenstr. 1, Wattens,
Tel. +43 52 24/5 10 80,
tgl. 8.30–19.30, Juli/Aug. 8.30–22 Uhr,
kristallwelten.swarovski.com

### Kultursommer

Unter dem Dach des Kultursommers werden Veranstaltungen präsentiert, die so vielseitig sind wie die Berge um Innsbruck hoch: vom Tanzsommer über die Festwochen der Alten Musik bis zum »Wetterleuchten«, dem Elektro-Event hoch oben auf der Nordkette.
www.kultur-sommer.at

## 10 Zillertal

### Essen

#### Perauer

Der schwer beliebte Hotelgasthof bietet ehrliche Zillertaler Küche in urigem Ambiente. Besonders fein schmecken natürlich die Spezialitäten aus der eigenen Metzgerei.
Ahornstr. 854, Mayrhofen,
Tel. +43 52 85/6 25 66,
tgl. 11–22 Uhr, www.perauer.at

#### Postwirt

Im Hotel Neue Post speist man mal regional, mal international und immer sehr gut. Dazu gibt's feine Tropfen aus dem Weinkeller – wo man auch Weinverkostungen genießt.
Hauptstr. 400, Mayrhofen,
Tel. +43 52 85/6 21 31, tgl.,
www.neue-post.at

### Shoppen

#### Heumilch-Sennerei Fügen

Mehr als 250 Zillertaler Bauern liefern die gentechnikfreie Heumilch, die im Genossenschaftsbetrieb am Südrand von Fügen zu allerlei feinem Käse veredelt wird. Wie das geschieht, kann man in der Schaukäserei besichtigen. Das Ladengeschäft ist angeschlossen.
Sennereistr. 22, Fügen,
Tel. +43 52 88/6 23 34,
Mo–Fr 8–18, Sa 8–14 Uhr,
www.kaeserei-fuegen.at

*Es blinkt, es funkelt, es glitzert: In den Swarovski Kristallwelten Wattens (➤ S. 12) wird das begehrte Material in ungeahnten Spielarten inszeniert.*

*Konsequentes Design, konsequente Küche, Fleisch aus eigener Metzgerei: Hotel und Restaurant Perauer in Mayrhofen (➤ S. 13).*

## Sporteln

### Berliner Höhenweg

Eine Woche lang von Hütte zu Hütte durch die grandiose Hochregion der Zillertaler Alpen: Das ist einer der landschaftlich schönsten und vermutlich der populärste Höhenweitwanderweg in Tirol, wenn nicht in ganz Österreich. Gestartet wird in Finkenberg, das Ziel liegt gleich nebenan in Mayrhofen. Übernachtet wird in Hütten des Alpenvereins, von denen zwischendurch nach Belieben abgestiegen werden kann. Infos und Buchungspauschalen für die Runde: www.naturpark-zillertal.at

### Ski total im Zillertal

Zählt man sie alle zusammen, dann bieten die vier großen Skigebiete im Zillertal zusammen 508 km Pisten, die von 179 Seilbahnen und Liften erschlossen werden. Der Zillertaler Superskipass gewährt Zugang zu allen Anlagen. Erstes Gebiet, wenn man ins Tal hineinfährt, ist die Region Hochzillertal-Hochfügen-Spieljoch. Höhepunkte dort sind die längste beschneite Talabfahrt im Zillertal am Spieljoch, das tolle Freeride-Revier in Hochfügen und die Kristallhütte auf 2147 m mit ihrer Gourmetküche. Dahinter folgt die riesige Zillertal-Arena von Zell am Ziller über den Gerlospass hinweg in den Salzburger Pinzgau. Sie bietet mit der Höhenfresser-Tour die Piste mit dem größten Höhenunterschied (1930 m) in ganz Österreich. Die Mayrhofner Bergbahnen punkten u. a. mit der »Harakiri«-Piste, der steilsten Piste Österreichs (78 % Gefälle), und dem sagenhaften Vans Penken Park für die Freestyle Community. Und in der Ski- & Gletscherwelt Zillertal 3000 in Hintertux geht es höher hinauf als nirgends sonst: bis auf

*Vier Skigebiete machen das Zillertal zu einer riesigen Spielwiese für Fahrer auf einem Board und zwei Brettern (➤ S. 14).*

3250 m auf dem Tuxer Ferner am Fuß des Olperer. Skifahren im Zillertal ist ein höchst modern und professionell organisiertes Vergnügen und immer sehr gesellig: Zu den Zehntausenden Urlaubsgästen kommen noch mehrere (Zehn-)Tausend Tagesgäste aus dem Raum München dazu.
Zillertal Tourismus, Bundesstr. 27 d, Schlitters, Tel. +43 52 88/8 71 87, www.zillertal.at

*Wenn man so einen Blick auf den Wilden Kaiser hat, ärgert man sich fast gar nicht mehr, wenn der Ball im Bunker landet (➤ Golf total, S. 15).*

## 11 Wilder Kaiser

### Essen

#### Neuwirt

Treffen sich ein bayerischer Stangenspargel, eine fangfrische Kirchbichler Lachsforelle und ein Osttiroler Schlupfkrapfen in der gemütlichen Holzstube ... Regionale Gourmetküche in downtown Kitzbühel.
Florianigasse 15, Kitzbühel, Tel. +43 53 56/69 11 58, Mi–So 11.30–14 und 18–22 Uhr, www.restaurant-neuwirt.at

#### Weinatelier Agnes

Gute Adresse für Freunde guter Tropfen in Ellmau. Die »HeurigenTrattoriaCaféBar« bietet dazu feine Leckereien zwischen Backhendl und gemischten Antipasti.
Dorf 38, Ellmau, Tel. +43 53 58/4 33 98, Sommer Di–Sa 9–23, Winter Mo–Sa 9–23 Uhr, www.weinatelier-agnes.at

### Shoppen

#### Bierol

Craft Beer aus Tirol! Südlich von Kufstein wird gebraut, was Hopfen und Malz hergeben – immer mit natürlichen Zutaten: Amber Lager, Mountain Pale Ale, Hazelnuts Porter ... Wie gut es schmeckt, kann man an mehreren Orten in der Region probieren.
Sonnendorf 27, Schwoich, Tel. +43 664/5 20 45 82, www.bierol.at

### Sporteln

#### E-Biken

Bergradeln für alle. Der Wilde Kaiser ist Teil der weltweit größten E-Bike-Region »Kitzbüheler Alpen und Kaisergebirge«. Den Gästen stehen hier an die 300 Elektro-Fahrräder und 75 Verleih- bzw. Akkuwechselstationen zur Verfügung. Einen Überblick über alle Adressen und Tourenmöglichkeiten gibt es unter:
Tel. +43 50/509, www.wilderkaiser.info

#### Golf total

27 Löcher hat der Golfplatz Wilder Kaiser in Ellmau direkt am Fuß der gewaltigen Bergkulisse. Damit ist er nicht nur einer der größten, sondern sicher auch einer der schönsten Plätze in den Alpen. Und es gibt in der Region noch mehr Gelegenheit zum Abschlagen und Einlochen: zwei 18-Loch-Plätze in Kitzbühel und drei weitere in Kössen bzw. Westendorf und und und. Der Verbund Golf-Kitzalps versammelt insgesamt 15 Golfplätze in den Kitzbüheler Alpen

und dem Kaisergebirge in Tirol, im angrenzenden Salzburger Land und in Bayern. Länger als eine Stunde ist man mit dem Auto nicht unterwegs. Vor Ort erwartet Einsteiger und Profis ein Komplettangebot mit Unterkünften, Golfschulen und Golfakademien.
www.golf-kitzalps.at

# 12 Nationalpark Hohe Tauern

## Essen

### Strumerhof

Kein Geheimtipp mehr, dafür ein echter Top-Tipp: Im »Kräuterwirtshaus« hoch oben am Hang oberhalb von Matrei werden Bergkräuter aus der Umgebung ebenso gekonnt wie originell verarbeitet – jetzt aber leider nur noch an Wochenenden.
Hinteregg 1, Matrei in Osttirol, Tel. +43 48 75/63 10, Mitte Juni–Mitte Sept. Sa abends und So bis 16 Uhr, www.strumerhof.at

### Restaurant Pizzeria Saluti

Nur eine Pizzeria? Ja, aber eine mit zwei Hauben von Gault Millau! In dieser wahrhaft ausgezeichneten Location in Matrei gibt es aber auch Pasta und Carne ... toll!
Gereitstr. 10, Matrei in Osttirol, Tel. +43 48 75/67 26, Mo–Sa 16–24, So 12–14 und 17.30–22.30 Uhr, www.saluti-matrei.com

### Rauter Stube

Im Gourmetrestaurant des Hotels Rauter wird höchst ambitioniert aufgekocht: Gault Millau vergab eine Haube! Die Preise für die Genüsse sind überaus günstig.
Rauterplatz 3, Matrei in Osttirol, Tel. +43 48 75/66 11, tgl. 11.30–14 und 18–21.30 Uhr, www.hotel-rauter.at

## Shoppen

### Tischlerei Wolsegger

Daniel Wolsegger macht aus Zirbe, Esche, Schwarznuss und anderen Hölzern Vasen, Schüsseln, Teller und andere Objekte – alles Unikate. In seinem Ausstellungsraum kann man die Kunstwerke nach telefonischer Voranmeldung jederzeit besichtigen.

*Auf Touren bringt Bergführer Sigi Hatzer seine Gäste (➤ S. 16).*

Marstallweg 6, Matrei in Osttirol, Tel. +43 650/6 61 10 75, danielwolsegger@aon.at

## Sporteln

### Auf hohen Touren

Bergführer Sigi Hatzer und seine Kollegen führen ihre Gäste nicht nur auf den Großvenediger (3666 m), sondern auch auf alle anderen Gipfel im Virgental – mit Bergschuhen im Sommer, mit Ski und Schneeschuhen im Winter. Absolute Spezialität ist die »Alpenkönigroute«, eine hochalpine, oft weglose Wanderung durch eine der einsamsten und wildesten Ecken des Nationalparks.
www.bergfuehrer.hinterbichl.at

# 13 Salzkammergut

## Essen

### 1er Beisl

Die Küche der Pension Lexenhof in Nussdorf am Attersee begeistert mit hervorragend zubereiteten Fischen: aus dem See in die Pfanne auf den Teller. Eine Gault-Millau-Haube.
Am Anger 4, Nussdorf, Tel. +43 76 66/8 00 00, tgl. 17–23, Fr–So auch 11.30–14.30 Uhr, www.lexenhof.at

### Seehang

An einem herrlichen Platz außerhalb von St. Wolfgang steht das schöne Haus mit seiner

*Dicker Pelz und ein unstillbarer Bewegungsdrang: Die Schlittenhunde auf dem Dachstein warten auf die nächsten Passagiere (➤ S. 17).*

Terrasse direkt am See. Was es hier gibt? Am besten Fisch natürlich, aber auch andere, überregionale Spezialitäten aus Österreich.
Ried 123, St. Wolfgang, Tel. +43 61 38/23 85, Mi–So (Juli/Aug. tgl.) 13–21 Uhr, www.seehang.com

## Shoppen

### Steinkogler Bergschuhe

Sie sind nicht retro, sondern einfach so, wie sie schon immer gewesen sind. Bergschuhe von Steinkogler aus Ebensee am Traunsee erscheinen neben den zeitgenössisch-synthetischen Hightech-Laminat-Membran-Füßlingen wie Dinosaurier. Sie sind voll aus Leder, zwie- oder gar trigenäht und unverwüstlich. Und vor allem: echt in Österreich gemacht. Das gefällt Jägern und Bergsteigern ebenso wie Großstadt-Hipstern.
Roitherstr. 70, Ebensee, Tel. +43 61 33/5 33 30, Mo–Fr 8–12 und 13–17, Sa 8–11 Uhr, www.steinkogler-bergschuh.at

## Sporteln

### Mit Schlittenhunden auf dem Dachstein

Zwei Gehminuten neben der Seilbahn-Bergstation auf dem Krippenstein wird geheult. Die Schlittenhunde vom Dachstein sind Legende. In der Lodge auf 2063 m Höhe werden mehrtägige Husky-Camps unter fachkundiger Leitung angeboten. Die traumhafte Landschaft des Dachsteinplateaus eignet sich aber nicht nur zum Hundeschlittenfahren, sondern auch zum Schneeschuhwandern. Berühmt sind auch die abenteuerlichen Freeride-Abfahrten für Skifahrer und Snowboarder.
Rosifka, Winkl 52, Obertraun, Tel. +43 61 31/2 18 01, www.lodge.at

# 14 Rund um Schladming

## Essen

### Verweilzeit

Die schlechte Nachricht zuerst: Die Verweilzeit in Ramsau hat nur bis 19 Uhr geöffnet. Die gute Nachricht: Vorher genießt man in dem Café-Bistro mit Feinkostladen ausgezeichnetes Frühstück, Kaffee und Kuchen und tolle, ausgefallene Mahlzeiten zwischen Mittelmeer und Orient.
Ramsau am Dachstein 193, Tel. +43 36 87/8 17 93, tgl. 10–19, Küche bis 16 Uhr, www.verweilzeit.at

### Stadtbräu

So muss Wirtshaus: Deftige Küche im modernen Gewand – Gulasch, Schweinsripperl, Kasnockn, Mehlspeisen ...
Siedergasse 89, Schladming, Tel. +43 36 87/2 44 59, Di–So 10–23 Uhr, www.kulinarwerk-schladming.com

## Shoppen

### Lodenwalker

Loden ist nicht nur seit Jahrhunderten bewährt, sondern immer noch hoch funktionell und ausgesprochen schön. Lodenwalker stellt das tolle Textil

aus 100 Prozent (durch die Bearbeitung mit heißem Wasser verfilzter) Wolle tatsächlich seit 1434 her. Besucher dürfen die moderne Produktion auf alten Maschinen vor Ort besichtigen und hinterher im Shop einkaufen: Decken, Sport- und Oberbekleidung, Mützen, Taschen, Schals ...
Rössing 122, Ramsau, Tel. +43 36 87/8 19 30, Mo–Fr 8–18, Sa 8–13 Uhr, www.lodenwalker.at

## Sporteln

### Abenteuerpark Gröbming

Der größte Kletterpark Österreichs bietet 18 verschiedene Parcours in sieben Schwierigkeitsgraden, ausgerüstet mit einem durchgängigen Sicherungssystem. Auch Kinder zwischen 3 und 14 Jahren dürfen unter Begleitung von Erwachsenen zwischen den Bäumen herumturnen.
Stoderstr. 114, Gröbming, Tel. +43 36 85/2 22 45, Juli–Sept. tgl. 10–18, Mai/Juni/Okt. Mi–Fr 12–17, Sa/So/Fei 10–17 Uhr, www.abenteuerpark.at

# 15 Nationalpark Gesäuse

## Essen

### Kölblwirt

Tolle Adresse im Bergsteigerdorf Johnsbach, auch zum Übernachten. Im Wirtshaus wird ungemein appetitlich regional-saisonal gekocht – mit Zutaten aus der eigenen Bio-Landwirtschaft.
Johnsbach 65, Johnsbach, Tel. +43 36 11/2 16, tgl. 8–22 Uhr (i. d. Nebensaison Mi geschl.), www.koelblwirt.at

### Gasthaus zur Ennsbrücke

Schöner Gasthof am nördlichen Ennsufer bei Admont. Hier isst man deftig – und wird satt dabei. Die verwendeten Produkte sind herkunftszertifiziert.
Hall 300, Admont, Tel. +43 36 13/22 91, Mi–Mo 9–24 Uhr, www.pirafelner.at

## Shoppen

### Xeis Edelwild

Wer ein wahrhaft geschmackvolles Souvenir aus dem Gesäuse sucht, wird beim Metzgerhandwerk Robert Pfeiler fündig. Für die Marke »Xeis Edelwild« wird ausschließlich Bret von frei lebendem Wild aus der Region verarbeitet, ethisch und ökologisch korrekt: Xeis Maus, Hirschwürstl, Wildfleischpastete, Hubertus Krainer ... Gibt's in ausgewählten Läden (u. a. im Museumsshop des Stifts Admont und bei Sandra Taxacher, Dr.-Karl-Renner-Str. 3, in Eisenerz) und online.
www.metzgerhandwerk.at/xeis-edelwild.html

### Klostermarkttage Admont

Am ersten Augustwochenende präsentieren etliche Klöster aus dem In- und Ausland, was sie für das körperliche und geistige Wohl herstellen. Die Marktstände haben jeweils ab 11 Uhr geöffnet. Zu Speis und Trank wird ein stimmungsvol-

*So ziemlich das Gegenteil von harmlos und trocken: Beim Raften auf der Enns (➤ S. 19) geht's wellenmäßig richtig zur Sache.*

les Unterhaltungsprogramm geboten.
www.stiftadmont.at

## Sporteln

### Rafting auf der Enns

Los geht's am Johnsbachsteg. Nach etwas Einpaddeln zur Übung folgt der Bus-Transfer zum Naturdenkmal Gesäuse-Eingang. Bei der anschließenden rasanten Fahrt über tosende Wildwasserkatarakte und hohe Walzen bleibt kein Auge trocken. Im spannenden Wechsel von leichten und wilden Strecken geht es weiter immer unter den himmelhohen Nordwänden der Gesäuseberge entlang – bis zum letzten Nassmacher: der Stromschnelle »Rolling Stones« ...
Sportagentur Strobl, Friedau 1a, Liezen, Tel. +43 36 12/ 2 53 43, www.rafting.at

### Wassererlebnispark St. Gallen

Planschen, spritzen, paddeln: Das große Familienprogramm findet auf der Nordseite des Gesäuse-Nationalparks statt, 20 km von Admont entfernt. Hier wurde mitten im Grünen, unter hohen Bäumen, ein toller Abenteuer- und Erlebnispark rund um das Element Wasser eingerichtet. Eine Schau ist der Wasserkanal mit seinen Rutschen und Stromschnellen, die man in Schlauchbooten »bezwingt«.

*Bitte vor Staunen das Essen nicht vergessen: Im Restaurant Mettnitzer in Spittal (➤ S. 20) sitzt und speist man äußerst feudal.*

Daneben gibt es diverse Bau- und Buddelstellen, Wehre und Zugbrücken, Baumhäuser, Hamsterräder, einen Hochseilgarten und und und.
Bodenweg 64, St.Gallen, Tel. +43 36 32/2 04 42, Juli/ Aug. tgl. 9–19, Mai/Juni/Sept. tgl. 9–17 Uhr, www.wassererlebnispark.at

# 16 Semmering und Schneeberg

## Essen

### Knappenhof

Restaurant des gleichnamigen Hotels mit haubengekrönter Regionalküche, an einem herrlichen Ort oberhalb von Reichenau mitten im Grünen.
Kleinau 34, Reichenau an der Rax, Tel. +43 26 66/5 36 33, Mi–So 12–21, So bis 20 Uhr, www.knappenhof.at

### Gartencafé Wartholz

An der Gärtnerei im Park von Schloss Wartholz kommen Besucher von Reichenau nicht vorbei: Man kann Kaffee und Kuchen an keinem schöneren Platz genießen. Die ehemalige Kaiservilla fungiert heute als Gartencenter, Hochzeitslocation, Literatursalon und Austragungsort eines jährlichen Literaturfestivals.
Hauptstr. 113, Reichenau an der Rax, Mi–So 10–18 Uhr, Tel. +43 26 66/5 22 89, www.schlosswartholz.at

## Sporteln

### Magic Mountain

»Österreichs größte private Berg- und Wassersportschule« hat ihre Basis in Reichenau an der Rax, wo in der mehr als 2000 Hektar großen »Outdoor Adventures Area« Natursport in allen Varianten und

mit allen Fortbewegungsarten angeboten wird – mal wild, mal beschaulich und durchaus familienfreundlich.
Hauptstr. 34, Reichenau an der Rax, Tel. +43 26 66/5 30 19, www.magic-mountain.at

### Golf am Semmering

1926 wurde der älteste Golfplatz Österreichs eröffnet – auf rund 1000 m Höhe in toller Lage oberhalb der Semmering-Passhöhe. Dabei gilt die 9-Loch-Anlage als ausgesprochen abenteuerlich – mit wilden Schräglagen und blind anzuspielenden Grüns.
www.gcsemmering.at

# 17 Millstätter See

## Essen

### Mettnitzer

Man nimmt in der holzvertäfelten Gründerzeitstube unter Jagdtrophäen Platz und lässt sich die besten »Kärntner Nudeln« schmecken. Oder Feines vom Rind.
Neuer Platz 17, Spittal, Mi–So 11.30–14 und 18–21 Uhr, Tel. +43 47 62/3 58 99

### Loy-Stubn

Im Restaurant des Thermenhotels Pulverer schmecken Wiener Schnitzel und Kasnudeln. Besser aber, man nimmt das Degustationsmenü. Am besten, man nimmt das Degustationsmenü mit passender Weinbegleitung: Es wird im Weinkeller serviert und hat im Ort nicht seinesgleichen.
Thermenstr. 4, Bad Kleinkirchheim, Tel. +43 42 40/7 44, tgl. 12–14 und 18–23 Uhr, www.loystubn.at

## Ausgehen

### Bar Kap 4613

Da die »Feuerinsel« neben dem Badehaus in Millstatt aus Holzbohlen besteht, verbrennt sich auf ihr keiner die Füße. Am Tag eine Strandbar, am Abend eine richtige Bar – dazu Snacks, Musik und ein toller Blick über den See.
Kaiser-Franz-Josef-Str. 330, Millstatt, Tel. +43 664/3 88 83 18, unterschiedl. Öffnungszeiten, www.kap4613.at

*Stimmungsvolle Location, ob nun Schnee auf den Tannenzweigen liegt oder die Sonne brennt: Bar Kap 4613 in Millstatt (➤ S. 20).*

## Sporteln

### Skifahren in Bad Kleinkirchheim

Am Südrand der Nockberge wird auf 103 km Pisten (meist mittelschwer) gecarvt, was die Kanten hergeben. 25 Liftanlagen bringen einen bis auf 2055 m hinauf.
Tourist Info: Dorfstr. 30, Bad Kleinkirchheim, Tel. +43 42 40/82 12, www.badkleinkirchheim.at

# 18 Klagenfurt und der Wörthersee

## Essen

### Oscar

Wunderbare Gourmetküche am Nordrand der Klagenfurter Altstadt, österreichisch-mediterran geprägt, dazu mit hervorragenden Weinen – und obendrein zu sehr fairen Preisen.
St. Veiter Ring 43, Klagenfurt, Tel. +43 463/50 23 00, Mo–Fr 11–23, Sa 16–23 Uhr, www.oscar-restaurant.at

### Bierhaus zum Augustin

Am schönsten sitzt man draußen im Arkadenhof. Bei schlechtem Wetter ist es drinnen aber auch gemütlich – und sehr gut: Schweinsbraten, Beuschel, Zander. Dazu gibt's das eigens gebraute Hausbier. Eine sehr beliebte Location, auch bei den Klagenfurtern.
Pfarrhofgasse 2, Klagenfurt, Tel. +43 463/51 39 92, Mo–Sa 11–24 Uhr, www.gut-essen-trinken.at

## Shoppen

### Benediktinermarkt

Donnerstags und samstags ist das Angebot draußen am größten, nicht nur aus der Region, sondern auch aus dem Friaul und aus Slowenien. Das Klagenfurter Gegenstück zum Wiener Naschmarkt bietet aber auch an den anderen Tagen in den zwei Markthallen frische Lebensmittel vom Erzeuger.
Benediktinerplatz, Klagenfurt, Do/Sa 6.30–13.30 (draußen), tgl. 6.30–18, Mi bis 13.45 Uhr

## Sporteln

### Segeln

Leinen los am Wörthersee! Der größte See Kärntens bietet Platz genug für Könner und Anfänger – oder falls man nur mal auf einen Schnuppertörn gehen will.
Sport- & Segelschule Wörthersee, Velden, Tel. +43 664/ 4 20 21 18, www.segelschule-woerthersee.at

## Kultur

### Ingeborg-Bachmann-Preis

Sensationen? Manchmal. Skandale? Oft. Spektakel? Immer!

*Gar nicht so alpin, oder doch? Segeln am Wörthersee (➤ S. 21).*

Bei den Tagen der deutschsprachigen Literatur in Klagenfurt treten Autorinnen und Autoren aus Österreich, Deutschland und der Schweiz Ende Juni/Anfang Juli zum legendären Poetry Slam an.
www.bachmannpreis.orf.at

# Slowenien

## 19 Bled und der Triglav-Nationalpark

## Essen

### Pri Hrvatu

Eintöpfe, Wildgerichte, Buchweizenkrapfen: echte slowenische Hausmannskost zum Sattwerden, serviert in einer herzlichen Atmosphäre in einem kleinen Dorf nördlich von Bohinjska Bistrica. Ausgesprochen gut und günstig.
Srednja Vas 76, Bohinjsko Jezero, Tel. +386 4/5 72 36 70, Mi–Mo 10–23 Uhr

### Restaurant 1906

Dieses Hotelrestaurant ist nicht billig, aber sehr gut und bei schönem Wetter vielleicht der ideale Ort, um in Bled fein zu speisen – am besten auf der Terrasse, mit fantastischem Blick über den See. Kreative Interpretationen regionaler Klassiker, tolle Auswahl slowenischer Weine.
Kolodvorska 33, Bled, Tel. +386 4/5 75 26 10, tgl. 12–22 Uhr, www.hoteltriglavbled.si

## Sporteln

### Rafting und Paddeln

Ein tolles Erlebnis verspricht die Fahrt in Kajaks oder Mini-Raftingbooten (drei Plätze) auf den wilden Wassern der Sava Bohinjka, die bei Ribčev Laz aus dem Bohinjsko jezero fließt. Wer so etwas noch nie gemacht hat: Auch Paddelkurse sind im Angebot.
Sport4Fun, Ribčev Laz 78, Bohinjsko Jezero, www.sport4fun.si

*Zumindest an dieser Stelle fließt die Sava Bohinjka (➤ S. 22) ganz sanft dahin. Hier können auch Einsteiger sich ans Raften wagen.*

# Italien

## 20 Aostatal

## Essen

### La Bottegaccia

Das Feinkostgeschäft mit angeschlossener Weinbar ist ein guter Ort, um es sich in der schönen Altstadt von Aosta mit den Weinen und Würsten, mit den Käse- und Schinkensorten der Region gut gehen zu lassen.
Via St. Anselmo 90, Aosta, Tel. +39 01 65/4 12 41, Mo–Do 9–21, Fr/Sa 9–22, So 10–19 Uhr

### Osteria da Nando

In schnuckeligem Ambiente genießt man regionale und saisonale Alpenküche vom Feinsten – dazu tolle Weine aus dem Aostatal.
Via S. Anselmo, Aosta, Tel. +39 01 65/4 44 55, Mi–Mo 12–14 und 19.30–22 Uhr, www.osterianando.it

## Sporteln

### Monte Rosa Ski

Der Weg ist weit, aber er schreckt passionierte Skifahrer und Snowboarder nicht ab: Längst hat sich das Aostatal mit seinen 23 Skigebieten zu einem der Hotspots der Szene entwickelt. Wobei leidenschaftliche »Ski-Bums« natürlich nicht auf die 800 km Pisten abfahren, sondern auf die sagenhaften Runs im unberührten Tiefschnee. Ihr Lieblingsgebiet haben Freerider zwischen den Orten Alagna und Gressoney. Von beiden Seiten führen Seilbahnen auf die Punta Indren (3275 m) – und in grandiose Freeride-Reviere. Mit dem Hubschrauber geht es sogar noch höher hinaus.
www.monterosa-ski.com

## 21 Comer See

## Essen

### Ristorante Bilacus

Malerisches Restaurant mit entspannter Atmosphäre im historischen Zentrum von Bellagio. Typisch italienische Küche, z. B. »Spaghetti alle Vongole« oder »Lavarello Burro e Salvia«.

Salita Serbelloni 45, Bellagio, Tel. +39 031/95 04 80, Di–So 12–14 und 18.30–21.30 Uhr, www.bilacusbellagio.it

### Pizzeria Lugano

Nein, hier bekommt man nicht die beste Pizza der Welt, aber eine ziemlich gute – natürlich aus dem Holzofen. Liegt am Rand des Zentrums.
Via Como 26, Menaggio, Tel. +39 03 44/3 16 64, Di–So 12–14.30 und 18.30–23 Uhr

## Sporteln

### Mountainbiken

Die Berge über den Ufern des Comer Sees sind ein fantastisches Mountainbike-Revier. Detaillierte Beschreibungen (engl.) der schönsten Routen gibt es zum Download unter: www.menaggio.com

*Ist kein Fjord, sieht aber so aus – und am Ufer gibt's Pizza: Am Comer See kann man erst Mountainbiken, dann schlemmen (➤ S. 23).*

# 22 Nördlicher Gardasee

## Essen

### Ristorante Pizzeria Leon d'Oro

Der »Goldene Löwe« verbirgt sich in einem Gässchen am Ostrand von Riva. Wer den Weg findet, wird mit einer ausgezeichneten Küche belohnt. Hervorzuheben sind die Fischgerichte, wunderbar schmecken auch alpine Spezialitäten, Pasta und Pizza.
Via Fiume 28, Riva, Tel.+39 04 64/55 23 41, April–Okt. tgl. 12–15.15 und 17–23 Uhr, www.leondororiva.it

### Ristorante Alla Lega

Im freskenverzierten Speisesaal des Palazzo dei Conti D'Arco wird das gastronomische Erbe des Trentino gepflegt. Beispiele sind die Kutteln in Brühe, Strangolapreti (»Priesterwürger« – kleine Knödel) in geschmolzener Butter und Salbei, Wild- und Pilzgerichte. Dazu schöne Trentiner Weine.
Via Vergolano 8, Arco, Tel. +39 04 64/51 62 05, tgl. 18.30 bis 22.30, Sa/So auch 12–14 Uhr, www.ristoranteallalega.com

## Shoppen

### Corte del tipico

Und was bringt man den Lieben zu Hause mit? Olivenöl und Wein vom Gardasee! Der Corte ist die Verkaufsstelle einer Kooperative von Betrieben, die darin ihre Produkte vermarkten. Und das sind ganz hervorragende Produkte: neben Wein und Öl auch Salami und Käse, Honig und Schokolade. Vor dem Kaufen kostet man.
Via s. Nazzaro 4, Riva del Garda, Mo–Sa 8.30–12.30, 15–19 Uhr, So (im Sommer) 8.30 bis 12.30 Uhr, www.agririva.it

*Auf den Wind ist am Gardasee Verlass. In Sachen Können hilft Heinz Stickl in seinem gleichnamigen Sportcamp nach (➤ S. 24).*

## Sporteln

### Segeln, Kiten, Surfen

Je rasanter, desto besser. Der gebürtige Tegernseer Heinz Stickl hat seine Basis am Fuß des Monte Baldo aufgeschlagen. Hier bringt er auch Anfängern das tolle Spiel mit Wind und Wellen bei.
Stickl Sportcamp, Malcesine, Tel. +39 04 57/40 16 97, www.stickl.com

## 23 Meran und Vinschgau

## Essen

### Zum Löwen

Schon das Ambiente bezaubert. Und dann schmeckt die mediterran-alpine Gourmetküche auch noch so gut. Beispiel? Tortelloni mit Kastanienpüree und Hummer. Zu trinken gibt es natürlich feinste Südtiroler, aber auch Piemonteser und Burgunder.
Hauptstr. 72, Tisens, Tel. +39 04 73/92 09 27, Mi–So 12–13.30 und 19–21.30 Uhr, www.zumloewen.it

### Siebenförcher

Essen und einkaufen im Gourmetkaufhaus, das Speck, Schinken und Wurst (u. a. von Hirsch, Gams und Wildschwein) selbst produziert. Natürlich bekommt man auch Schüttelbrot, Südtiroler Honig, Brot, Öl, Essig, Käse, Marmelade. Und nicht zu vergessen: Wein!
Lauben 164, Meran, Mo–Fr 8.30–19, Sa 8.15–18 Uhr, www.siebenfoercher.it

## Shoppen

### Pur Südtirol

Alles echt! Die Vermarktungsgemeinschaft betreibt nicht nur einen Online-Shop, sondern auch »richtige« Läden – in Bozen, Bruneck und in Meran, wo man neben dem Kurhaus feine Südtiroler Produkte anbietet. Auch zum Kosten.
Freiheitsstr. 35, Meran, Mo–Fr 9.30–19.30, Sa/Sommer 9–18, Sa/Winter 8.30–14 Uhr, www.pursuedtirol.com

### Destillerie Puni

Im Bilderbuchstädtchen Glurns hat sich die erste und bisher einzige Whisky-Brennerei Italiens niedergelassen. Das avantgardistische Besucherzentrum ist ein 13 m hoher Kubus aus Betonziegeln. Zu sehen bekommt man die kupfernen Brennblasen, eine 100 Jahre alte Malzmühle sowie die Marsala- und Bourbonfässer, in denen der bereits mehrfach ausgezeichnete Whisky reift. Kosten und kaufen kann man die edlen Tropfen natürlich auch.
Am Mühlbach 2, Glurns, Tel. +39 04 73/83 55 00, Di–Sa 10–12, 14–18, Führung Mi 15, Fr 10, Juli/Aug. zusätzlich Di/Do 15 Uhr, www.puni.com

## Sporteln

### Ultental – Ultner Höfeweg

Knapp südlich von Meran liegt inmitten großer Obsthaine der Ort Lana – das Tor zum Ultental. Mittlerweile ist es schon zu bekannt, um noch als Geheimtipp gelten zu können, aber immer noch entführt es Besucher in eine andere, stille Welt. Eingebettet zwischen steilen Hängen, ist es die Südtiroler Bergbauernlandschaft par excellence. Bildschöne, jahrhundertealte Höfe, von der Sonne schwarz gebrannt und mit Blumen geschmückt, prägen das Bild. Der Ultner Höfeweg (18 km, 5 Std.) führt durch diese Traumkulisse. Er beginnt in Kuppelwies, 23 km südwestl. von Lana. Ohne jede Schwierigkeit wandert man über dem Talboden bis nach St. Gertrud und auf der anderen Talseite zurück. Weitere Attraktion am Weg sind drei ca. 35 m hohe Lärchen, deren Alter auf 2000 Jahre geschätzt wird.
Start in Kuppelwies, 23 km südwestl. von Lana, 17,5 km, www.ultental.it

# 24 Bozen und Südtirols Süden

## Essen

### Försterbräu Central

Eine Bozner Institution. Allerlei Speck gibt es hier, aber auch ein großes Salatbüfett. Kenner schwärmen von den Schweinshaxen, die stundenlang bei niedriger Temperatur gegart werden. Aber auch Ravioli mit Wildfüllung, Kalbsrückensteaks in Thymiankruste und Lammfilets mit Knödeln und Steinpilzsalat schmecken fein.
Goethestr. 6, Bozen, Tel. +39 04 71/97 72 43, Mo–Sa 11.30–23.30 Uhr, www.forsterbrau.it

### Haselburg

Fast schon romantischer Overkill: neo-alpine Küche (z. B. Terlaner Spargel im Tempurateig oder hausgemachte Spaghetti mit Bärlauch und Venusmuscheln) im Rittersaal des historischen Gemäuers unter Riemenschneider-Fresken oder mit Blick über die Weinberge auf Bozen.
Kuepachweg 48, Bozen, Tel. +39 04 71/40 21 30, Di–Sa 12–14 und 19–22, So 12–14 Uhr, www.haselburg.it

### Eiscafé Avalon

Das kriegen sie auch im »richtigen« Italien nicht besser hin. Mit Erdbeeren und Aprikosen aus dem Vinschgau, Heidelbeeren aus dem Pustertal, Haselnüssen aus dem Piemont, mit Rosenöl und Ziegenmilch wird in der »Eiswerkstatt« gezaubert. Gehört zu den fünf besten Eisdielen Italiens.
Freiheitsstr. 44, Bozen, Mo–Fr 11–22, Sa/So 10–22 Uhr, www.officinadelgeloavalon.eu

## Sporteln

### Reiten in Jenesien

Jenesien liegt rund 800 m oberhalb von Bozen und bietet eine Menge Platz für Ausritte in schöner, aussichtsreicher Mittelgebirgslandschaft. Die Haflinger auf dem Wietererhof akzeptieren nicht nur geübte Reiter, sondern auch Anfänger.
Simml 9, Jenesien, Tel. +39 04 71/35 40 66, www.wietererhof.com

## Kultur

### Kalterer Weintage

Schmeckt's? Es schmeckt! Zwei Tage lang, Anfang September, machen die 22 lokalen Wein-

*Hat mit König Artus nichts zu tun, serviert aber wahrhaft royale Kreationen: Eiscafé Avalon (➤ S. 25).*

*Entdecker vor: Auf den Bauernmärkten in Kastelruth, Seis und Völs am Schlern (➤ S. 26) gibt's Schönes zu ergattern, etwa Schuhe aus Wollfilz.*

produzenten auf dem Marktplatz in Kaltern ihre Fässer auf und lassen Gäste wie Einheimische probieren. Natürlich gibt es auch etwas zu essen.
www.kaltern.com

## 25 Grödnertal und Seiser Alm

### Essen

**Gostner Schwaige**
Wie beim (freundlichen!) Kräuterhexenmeister: In der kleinen Hütte auf der Seiser Alm – zu Fuß in 30 Min. von der Bergstation der Seiser-Alm-Bahn zu erreichen – haben 25 Gäste Platz. Franz Mulser bewirtet sie mit Blüten, Almkräutern, selbst gemachtem Käse und Fleisch von lokalen Erzeugern.
Seiser Alm, Saltria,
Tel. +39 347/8 36 81 54,
Ende Mai–Mitte Okt.,
Dez.–Anfang April tgl.,
www.aussergost.com/de/gostner-schwaige

**Lafogler Hof**
Mehr als 700 Jahre Geschichte haben die Grundmauern des Bauernhofs im Kastelruther Ortsteil St. Oswald in sich. Die Lage (auf 750 m Höhe) ist herrlich ruhig, die Knödelvariationen (Kräuter-, Speck-, Leber-, Buchweizen-, Zwetschgen-, Marillenknödel) sind grandios. Dazu im Buschenschank Wein aus eigenem Anbau und selbst gemachte Säfte.
St. Oswald 15,
Tel. +39 04 71/70 66 24,
Ostern–Ende Nov. Di–So,
www. lafogl.com

### Shoppen

**Bauernmärkte**
Brot und Käse, Gemüse und Kräuter, Obst und Saft, Honig und Eier: Was Bauern in der Umgebung so alles produzieren, verkaufen sie auf den schönen Bauernmärkten der Region.
Kastelruth, Dorfplatz (Fr); Seis, Oswald-von-Wolkenstein-Pl. (Di); Völs am Schlern, Dorfplatz (Sa); jeweils ab 8 Uhr

### Sporteln

**Tandem-Gleitschirmfliegen**
Beste Sicht über Berge und Täler: Bei schönem Wetter und guten Windverhältnissen wird ein Tandemflug zusammen mit einem geschulten Piloten zum unvergesslichen Erlebnis. Gestartet wird meistens neben der Bergstation Spitzühl auf der Seiser Alm – übrigens auch im Winter!
Kleinmichlstr. 1, Seiser Alm/Kastelruth, Tel. +39 335/6 03 64 00, www.tandem-paragliding.com

## 26 Alta Badia – Hochabteital

### Essen

**Rifugio Comici**
Was man eben so Berghütte nennt. Oberhalb von Wolkenstein, auf 2154 m Höhe

direkt unter der Riesenmauer des noch mal 1000 m höheren Langkofels, isst man vorzügliche Fischgerichte. Das ist geografisch nicht korrekt, schmeckt aber. Der Besuch von Prominenz aus Politik, Musik und Film ist notorisch. Unbedingt reservieren.
Plan de Gralba 24, Wolkenstein, Tel. +39 04 71/79 41 21, 8.30–17, Fr (Sommer) auch 19.45–1.30 Uhr, Frühling/Herbst geschl., www.rifugiocomici.com

### Stria

Erich Costa ist einer der bekanntesten Protagonisten des dolomitischen Gourmet-Booms. Seine Kreationen sind oft alpin wie das Carpaccio vom Weideochsen, in manchen Ravioli versteckt sich aber auch eine Hummerfüllung.

*So sieht eine In-Hütte aus: das Rifugio Comici (➤ S. 26) oberhalb von Wolkenstein.*

Via Val 18, Colfosco, in der Nebensaison Do Abend und Mo geschl., Tel. +39 04 71/83 66 20

## Shoppen

### Lüch da Pcëi

Mit vier Verkaufsstellen in Alta Badia und 20 im übrigen Südtirol ist der große Bauernhof in St. Kassian (mit B&B-Betrieb) bestens etabliert. Am besten kauft man natürlich an der Quelle ein: ausgezeichnete frische und gut gereifte Käse aus Milch vom eigenen Hof, köstliche Joghurts (pur, mit Honig oder Früchten), selbst gemachte Marmeladen und andere Hofprodukte.
Pecei 17, St. Kassian, Tel. +39 04 71/84 92 86, www.luchdapcei.it

# 27 Kronplatz und Hochpustertal

## Essen

### Weißes Lamm

Das älteste Gasthaus Brunecks versteckt sich hinter dem Kapuzinerplatz im ersten Stock eines Bürgerhauses. In den entzückenden Stuben werden Südtiroler Klassiker aufgetischt: Gerstlsuppe, Schlutzkrapfen, Knödel und Pilzgerichte.
Stuckstr. 5, Bruneck, Tel. +39 04 74/41 13 50, tgl. 10.30–14, 18–1 Uhr, www.weisseslamm.biz

### Sichelburg

Im Ambiente aus dem 16. Jh. kombiniert Küchenchef Mirko Mair regionale Klassiker mit mediterranen und asiatischen Aromen.
Burgweg 1a, Pfalzen, Tel. +39 04 74/05 56 03, Mo–Sa 10–15, 18–24, So 10–24 Uhr, Mi Ruhetag, www.sichelburg.it

## Shoppen

### Pâtisserie Acherer

Mitten in der Brunecker Altstadt fällt das moderne Geschäft besonders auf. Konditor Andreas Acherer zeigt hier, was er kann – und er verkauft es: Preziosen aus Schokolade, Teig und Früchten, ganz entzückend gestaltet, unwiderstehlich im Geschmack.
Stadtgasse 8, Bruneck, Mo–Fr 8–12.30, 14.30–19, Sa 8–13, 14–18 Uhr, www.acherer.com

### Zacher

Dieser Filz erregt höchstes Wohlbefinden. Gemütliche Hauspantoffeln, Sitzauflagen für Stühle und Bänke, Körbe, Tischsets und Untersetzer: Familie Zacher bringt 150 Jahre Erfahrung in der Verarbeitung von Wollfilz mit. In ihrem netten Laden bekommt man darüber hinaus Hüte und Mützen, Handtaschen und Schals.
Burgweg 2, Innichen, Tel. +39 04 74/91 35 35, Mo–Sa 9–12, 15–18 Uhr, www.haunold.info

### Kultur

**Gustav-Mahler-Musikwochen**
Weil der weltberühmte Komponist (1860–1911) seinen Urlaub am liebsten in Toblach verbrachte – und weil er dort übrigens auch komponierte –, veranstaltet der Ort am Fuß der Dolomiten ihm zu Ehren seit 1981 im Juli und August die Musikwochen. Es gibt Konzerte, Konferenzen, Gesprächsrunden und andere Rahmenveranstaltungen. Auch Werke junger Südtiroler Komponisten werden gespielt – spannende Entdeckungen möglich!
Grand Hotel, Toblach,
www.gustav-mahler.it

# Schweiz

## 28 Appenzellerland

### Essen

**Lokal öbe d'gass**
Freundliche Modernität im alten Zentrum. Mediterrane Imbisse, vor allem Focaccie und Panini mit unterschiedlichen Beilagen, Antipasti, Suppen und Crêpes. Toll ist auch das hausgemachte Eis.
Am Schmäuslemarkt,
Appenzell,
Tel. +41 71/7 87 01 15,
Di–Sa 9–18, So 12–18 Uhr,
www.lokal-appenzell.ch

**Restaurant Truube**
Ein sehr gut bekannter »Geheimtipp«, nicht weit vor Appenzell. 15 Gault-Millau-Punkte und ein Michelin-Stern im Käseland. Moderat modernes Ambiente in einem schönen alten Haus.
Rotenwies 9, Gais,
Tel. +41 71/7 93 11 80,
Do–Mo 11.30–14 und 18–24 Uhr, www.truube.ch

### Shoppen

**Brauerei Locher**
Braukunst erlebt man im Besucherzentrum »Brauquöll Appenzell« direkt beim großen Parkplatz vor der Altstadt.
Die Familie Locher betreibt die Brauerei seit 1886 – und produziert seit 2002 auch noch den feinen Säntis Whisky, einen echten Single Malt.
Brauereiplatz 1, Appenzell, Tel. +41 71/7 88 01 76, Mo 13 bis 17, Di–Fr 10–12.15 und 13–17, Sa/So 10–17 Uhr, Nov./Dez. und Febr./März So/Mo geschl., www.brauquoell.ch

### Sporteln

**»Esse, luege, fahre, gnüsse«**
Auch wer des Schweizerdeutschen nicht mächtig ist, darf die kulinarische E-Bike-Tour antreten. Sie führt über 46 km und einen Höhenunterschied von 340 m und von Einkehr zu Einkehr. Das Appenzeller Menü, das man unterwegs bekommt, kann man sich gangweise, von Gasthaus zu Gasthaus, bestellen.
Tel. +41 71/7 88 96 41,
www.appenzell.ch

## 29 Luzern und Vierwaldstättersee

### Essen

**Wirtshaus Galliker**
Echtes, altes Wirtshausambiente am Rand der Luzerner Altstadt, holzvertäfelt und mit Holzdecke. Hier speist man gutbürgerlich und oft in Gesellschaft der lokalen Celebrities.
Schützenstr. 1, Luzern,
Tel. +41 41/2 40 10 02,
Di–Sa 10–0.30 Uhr

**Focus und Prisma**
Große Gourmet-Festspiele im Parkhotel Vitznau. Auf Zwei-Sterne-Niveau wird man im aufregend designten Focus bedient. Das zweite Restaurant heißt Prisma, hat einen

Stern und ist auf drei Seiten bodentief verglast.
Seestr. 18, Vitznau, Tel. +41 41/3 99 60 60, Focus ab 19 Uhr, Juli–Sept. So geschl., Sept.–Dez. und März–Juli So/Mo geschl.; Prisma April–Dez. 11.45–14 und ab 18 Uhr, Juli bis Sept. tgl., weitere Öffnungszeiten telefonisch erfragen, www.parkhotel-vitznau.ch

## Shoppen

### Märkte

Samstag (und Dienstag) Vormittag gibt es auf dem tollen Luzerner Wochenmarkt regionale und mediterrane Köstlichkeiten zu kaufen – zwischen 6 und 13 Uhr auf den historischen Marktplätzen Reusssteg, Unter der Egg, Bahnhofstrasse, Jesuitenplatz und Helvetiaplatz. Zusätzlich steigt an jedem ersten Samstag im Monat zwischen April und November auf dem Weinmarkt der Handwerksmarkt (www.handwerksmarkt.ch): Textiles und Dekoratives, Getöpfertes und Geschmiedetes, Leder, Holz und Glas ...
www.luzern.com

## Sporteln

### Paddeln

Mit seinen vielen Buchten ist der Vierwaldstättersee wie geschaffen für Paddelausflüge. Flache Uferpartien wechseln sich mit steilen Abbrüchen ab, unberührte Natur mit schicken Villen – und zu den schönsten Uferabschnitten kommt man manchmal nur über das Wasser.
Kanuzentrum am Vierwaldstättersee, Unterdorfstr. 21, Alpnach Dorf, Tel. +41 41/6 70 30 05, www.kanuzentrum.ch

*In Luzern gibt es diverse attraktive Märkte (➤ S. 29). Frische Lebensmittel kann man dienstags und samstags kaufen.*

## 30 Interlaken und Jungfrauregion

## Essen

### Goldener Anker

Nicht nur ein beliebtes Restaurant, sondern auch eine Kulturinstitution mit Bar und Konzertbühne. Zu essen gibt es Pasta, Fleisch und sehr viel Asiatisches.
Marktgasse 57, Interlaken, Tel. +41 33/8 22 16 72, Mo–Sa 16–0.30 Uhr, www.anker.ch

### West End

Trotz des Namens ein Italiener, und zwar ein absolut authentischer. Sehr gutes Essen und sehr guter Wein – die Vinothek »Per Bacco« gehört dazu. Absolutes Highlight im Herbst: Gerichte mit weißem Alba-Trüffel.
Rugenparkstr. 2, Interlaken, Tel. +41 33/8 22 17 44, Mo–Sa 17.30–23.30 Uhr, www.westend-interlaken.ch

## Shoppen

### Bhend Eispickel

Wenn man damit keinen 8000er bezwingen will, ist so ein Eispickel der Firma Bhend ein wunderschönes und absolut exklusives Designobjekt. Viele Bergführer schätzen ihn immer noch. Die weltberühmten Teile werden in Grindelwald bereits in der

vierten Generation von Hand geschmiedet und natürlich mit einem erstklassigen Holzschaft versehen.
Bhend Metallbau, Dorfstr. 141, Grindelwald, Tel. +41 33/8 53 39 36, www.eispickel.ch

## Sporteln

### Skifahren

Carven und Boarden vor einer der größten Alpenkulissen: zwischen Grindelwald, Kleiner Scheidegg, Männlichen und Wengen auf 112 km, am First oberhalb von Grindelwald auf 53 km und bei Mürren mit dem Schilthorn auf weiteren 54 km.
www.jungfrau.ch

# 31 Gotthard und Andermatt

## Essen

### Ristorante La Curva

Pizza satt (und aus dem Holzofen), Pasta und Barbecue – und von allem gibt es mehr als reichlich. Hinterher geht man hinüber in die angesagte Cocktailbar.
Gotthardstr. 43, Andermatt, Tel. +41 41/8 87 15 75, tgl. 11–22 Uhr, www.lacurva.ch

### Ristorante Forni

Neben dem Bahnhof speist man nicht nur ausgesprochen gut, sondern auch günstig. Hausgemachte Pasta, saisonale Wildgerichte, Kastanienkuchen. Bemerkenswerte Weinkarte.
Via Stazione 19, Airolo, Tel. +41 91/8 69 12 70, Mi Ruhetag, www.forni.ch

## Shoppen

### Passmärkte

Shoppen im Vorbeifahren: Kulinarische Köstlichkeiten und Handwerksprodukte von ausgewählten Produzenten aus Glarus, Graubünden, Uri und dem Tessin kann man an mehreren Sonntagen auf den Pässen Gotthard, Oberalp, Lukmanier und Klausen kaufen.
Alpinavera, Distelweg 4, Chur, Tel. +41 81/2 54 18 50, www.alpinavera.ch

## Sporteln

### Golf am Gotthard

Golf alpin! Zwischen Andermatt und Hospental wird auf dem 18-Loch, Par 72-Championship Golf Course des Andermatt Swiss Alps Resort abgeschlagen und geputtet. Intimer und noch alpiner ist der anspruchsvolle 9-Loch-Platz Realp am Fuß des Furkapasses.
Golfclub Andermatt Realp, Witenwassernstr. 1, Realp, Tel. +41 41/8 87 01 62, www.golf-andermatt-realp.ch

# 32 Davos-Klosters

## Essen

### Gourmet Stübli

Im Hotel Seehof Davos fährt Sternekoch Martin Bieri zweigleisig: »back to the roots« bietet vertraute Regionalität auf höchstem Niveau, bei der »Tour du Monde« dürfen sich neugierige Gaumen u. a. auf raffinierte Aromen aus Asien freuen.
Promenade 159, Davos Dorf, Tel. +41 81/4 17 06 66,

*Wer auf der Kleinen Scheidegg (➤ S. 30) carvt, hat die legendäre Eiger-Nordwand im Blick – zumindest beim Liftfahren.*

Fr–Mo 18.30–21.30 Uhr,
www.seehofdavos.ch

### Teufi
Eine Davoser Institution auf 1700 m am Eingang des Dischmatals. Deftige Küche mit vielen Produkten aus eigener Öko-Herstellung, Fondues in allen Varianten, gute Weine und Brände aus der Umgebung.
Dischmastr. 113, Davos Dorf, Tel. +41 81/4 16 35 82, Mitte Mai–Ende Okt. 10–23 Uhr, www.teufi.ch

*Achtung, Superlativ: Die Brauerei Monstein ist die höchstgelegene Europas (➤ S. 31). Ob wohl die dünne Luft den Geschmackssinn beeinflusst?*

## Shoppen

### Brauerei Monstein
Spezialtipp für Bierliebhaber: der Abstecher zur höchstgelegenen Brauerei Europas in Monstein (1625 m), die auch Bierbrände und Single Malts herstellt. Verschiedene »Erlebnis-Angebote«, u. a. ungeführte Besichtigung (Fr 16–19 Uhr) und Direktverkauf, daneben Brauer-Apéros und andere Aktionen nach Anmeldung.
BierVision Monstein, Tel. +41 81/4 20 30 60, www.biervision-monstein.ch

## Sporteln

### »Singletrail-Paradies«
Mountainbiker strampeln und rollen in der Destination Davos Klosters auf mehr als 1300 km Biketrails. Neben der Gotschna Freeride Piste und dem längsten Singletrail der Schweiz (45 km) für die Könner kommen auch radelnde Normalverbraucher auf ihre Kosten.
www.davos.ch

## 33 Gstaad und das Simmental

## Essen

### Restaurant Müli
Gourmet-Adresse mitten in Gstaad mit alpin-mediterran-französischer Küche. Toll sind die Degustationsmenüs mit kleinen Portionen.
Lauenenstr. 19, Gstaad, Tel. +41 33/7 48 63 63, tgl. 12–14, 18.30–21.30 Uhr, www.gstaaderhof.ch

### Restaurant Cheeserii
Dieser Geheimtipp liegt hinter Gstaad auf halber Strecke Richtung Gsteig. Spezialität des Hauses: Entrecôte oder Lammfilet im Pfännli überbacken mit Kräuter- oder Paprikamousse.
Gewerbestr. 1, Feutersoey, Tel. +41 33/7 55 15 00, Mi–So 10–24 Uhr, www.rest-cheeserii.ch

### Michel's Stallbeizli
Kultige Location im Kuhstall. Hier bekommt man das Gstaader Käsefondue sowie Raclette. Direktverkauf von Hofprodukten.
Gsteigstr. 41, Gstaad, Tel. +41 33/7 44 16 83, Di–So 11–17, Mo ab 9 Uhr, www.stallbeizli.ch

## Shoppen

### Gstaad Authentique
Dieses Label kennzeichnet Produkte aus dem Saanenland, die traditionell und im Einklang mit der Natur hergestellt werden.
www.gstaad.ch

## Sporteln

### Golfclub Gstaad-Saanenland

Der 18-Loch-Platz auf der Passhöhe von Saanenmöser liegt oberhalb von Gstaad auf etwa 1400 m Höhe in herrlicher Umgebung und gilt als einer der schönsten Golfplätze in den ganzen Alpen.
Golfstr. 4, Saanenmöser, Tel. +41 33/7 48 40 30, www.golfclubgstaad.ch

# 34 Aletsch Arena

## Essen

### Walliser Kanne

Echte Walliser Spezialitäten und solche, die wohlschmeckend modifiziert werden, etwa »Kalbssteak mit dessen Nierli«. Interessante (Saison-) Biere und typische Weine.
Bahnhofstr. 9, Fiesch, Tel. +41 27/9 71 31 31, Di–So ab 9 Uhr, www.vskanne.ch

### Bergrestaurant Bettmerhorn

Beim Essen fernsehen? Ist hier Pflicht: Aus dem Rundrestaurant sieht man auf viele Viertausender und natürlich auch aufs Matterhorn. Dann auf den Teller geguckt – auch nicht schlecht!
Bettmeralp, Tel. +41 27/9 28 41 91, tgl. 8.30–16.30 Uhr, www.aletscharena.ch

### Berghaus Toni

Auf den Tisch kommt nur, was Lieferanten und Produzenten in einem Umkreis von 15 km heranschaffen. Toller Bergblick und ein gutes Preis-Leistungs-Verhältnis.
Riederhornweg 9, Riederalp, Tel. +41 27/9 27 16 56, tgl. 12–14.30 und 18–21.30 Uhr, www.berghaus-toni.com

## Sporteln

### Bergsteigerzentrum Aletsch

Auf Tuchfühlung mit dem größten Eisstrom der Alpen: Geführte Rundtouren über den Aletschgletscher sind ein großes Erlebnis – zu dem man sich rechtzeitig anmelden muss. Ausrüstung kann man mieten.
Bergsteigerzentrum Aletsch, Fiesch, Tel. +41 27/9 71 17 76, www.bergsteigerzentrum.ch

## Kultur

### Festival Musikdorf Ernen

Klavier- und Orgelrezitals, Kammermusik- und Barockkonzerte, Lesungen und Volksmusik: Mit einem ebenso vielseitigen wie anspruchsvollen Programm bereichert das kleine Dorf Ernen immer im Juli und August seit 1974 das Walliser Kulturleben. Die Idee dazu hatte der Ungar György Sebök.
www.musikdorf.ch

# 35 St. Moritz und Oberengadin

## Essen

### Stüva im Hotel Müller

Außen rum Avenholz, mittendrin nicht mehr als 20 Plätze. Italienische Küche, Fisch und raffinierte Flambées, feine Weinkarte. Ist alles voll, hat man vielleicht in der Stüvetta Glück.
Via Maistra 202, Pontresina, Tel. +41 81/8 39 30 00, Mo–So 12–14 und 18.30–21 Uhr, www.hotel-mueller.ch

### Restaurant Engiadina

Neben dem Innfall und außerhalb der Nobelzone von St. Moritz kommt Herzhaftes mit mediterran-alpiner Note auf den Tisch.
Via Dimlej 1, St. Moritz, Tel. +41 81/8 33 30 00, tgl. 10–24 Uhr, www.restaurant-engiadina.ch

## Shoppen

### Café Hanselmann

Die berühmte Engadiner Nusstorte ist garantiert nicht zuckerfrei und noch im Besitz sämtlicher Kalorien. Man genießt sie bzw. lässt sie sich einpacken im ebenfalls berühmten Café Hanselmann.
Via Maistra 8, St. Moritz, Tel. +41 81/8 33 38 64, tgl. 7.30–19 Uhr, www.hanselmann.ch

*Traumhafter Ausblick sticht unendliches Pistenglück – oder ist es umgekehrt? In Corviglia und Corvatsch (➤ S. 33) nicht einfach zu sagen.*

## Sporteln

### Segelfliegen

Die sagenhafte Engadiner Bergwelt aus der Adlerperspektive erleben: Vom Flughafen in Samedan kann man mit erfahrenen Piloten je nach Wetter täglich ab etwa 13 Uhr, nach Einsetzen der Thermik, in modernen Segelflugzeugen abheben.

www.engadin-airport.ch

### Corviglia und Corvatsch – Ski total

Die beiden großen Pistenreviere von St. Moritz bringen Skifahrer und Boarder zum Schwärmen. Im Norden, rund um die Corviglia, vergnügen sie sich auf 163 km überwiegend sonnigen Abfahrten zwischen dem Piz Nair (3057 m) und St. Moritz. Vielleicht noch toller sind die 120 km Pisten auf der anderen Talseite, oberhalb von Surlej. Das Panorama von der Bergstation auf dem Corvatsch (3303 m) ist gigantisch und das Carven durch die Winterlandschaft über den riesigen weißen Seen ein Traum – vor allem auf der legendären (schwarzen) Hahnenseeabfahrt von Giand'Alva über den Hahnensee hinunter nach St. Moritz Bad. Die 9 km lange Abfahrt ist eines der absoluten Engadiner Highlights. Wer es nicht lassen kann, gibt sich danach noch die längste beleuchtete Nachtabfahrt der Schweiz (4,2 km, nur an Freitagen).

Bergbahnen St. Moritz Mountain Pool, Via San Gian 30, St. Moritz, Tel. +41 81/8 30 00 00, www.engadin.stmoritz.ch/berge

## Wellness

### Mineralbad & Spa Samedan

Wellness vertikal, über drei Geschosse. Mitten in Samedan badet, dampft und schwitzt man sich durch die stimmungsvoll-labyrinthische Architektur hinauf in den siebten Wohlfühlhimmel – Aussichten auf die Kirche, das Dorf und die Berge inklusive.

San Bastiaun 3, Samedan, Tel. +41 81/8 51 19 19, Di–So 10–20.30, Mo 13–20.30 Uhr, www.mineralbad-samedan.ch

# 36 Tessin und Lago Maggiore

## Essen

### Locanda Locarnese

Essen am offenen Kamin oder draußen auf der gestuften Terrasse – in großartiger Qualität. Auch die Weinauswahl lässt nichts zu wünschen übrig. Liegt etwas versteckt in einer steilen Gasse.

Via Bossi 1, Locarno, Tel. +41 91/7 56 87 56, Mo–Sa 12–14.30 und 19–23 Uhr, www.locandalocarnese.ch

### Ristorante della Carrà

Hausgemachte Pasta, Fisch und Fleisch vom Grill – auf einer Terrasse unter der weinüberrankten Pergola. In die Gläser kommt Tessiner Merlot.

*Uriges Holz, stylische Fotografien an der Wand: Chez Vrony in Findeln (➤ S. 34) kombiniert Skihüttenflair mit In-Location.*

Via Carrà dei Nasi 10, Ascona, Tel. +41 91/7 91 44 52, Di–Sa 12–14 und 18–22 Uhr, www.ristorantedellacarra.ch

## Shoppen

### Wochenmarkt Bellinzona

Nicht versäumen: Jeden Samstagvormittag von 8–13 Uhr findet im Zentrum von Bellinzona der große Wochenmarkt statt, eine Leistungsschau der erstklassigen Tessiner Lebensmittelproduktion – und ein soziales Ereignis.
www.bellinzonese-altoticino.ch

## Sporteln

### Via Alta Vallemaggia

Sie verlassen jetzt die Komfortzone! Der alpine Weitwanderweg beginnt auf der Cardada oberhalb von Locarno und führt immer auf dem Bergkamm zwischen Maggia- und Verzascatal Richtung Norden bis nach Fusio. Die Tour dauert eine knappe Woche, ist technisch stellenweise anspruchsvoll und führt durch eine Landschaft von begeisternder Schönheit und Ursprünglichkeit.
www.vialtavallemaggia.com

# 37 Zermatt und das Matterhorn

## Essen

### Chez Vrony

Die schönste Skihütte der Schweiz steht auf 2100 m im malerischen Weiler Findeln und bietet zum fantastischen Matterhornblick auch eine ausgezeichnete Küche. Anreise: mit der Metro nach Sunnega und dann 20 Min. zu Fuß. Mit Ski geht's schneller.
Findeln, Tel. +41 27/9 67 25 52, Sommer tgl. 9.15–18, Winter tgl. 9.15–16 Uhr, www.chezvrony.ch

### Bubble Bar & Restaurant

Fast schon eine Legende sind die Burger, es gibt aber auch Salate und indische Kormas. Junges, hippes Publikum.
Kirchstr. 38, Zermatt, Tel. +41 78/7 98 75 58, Mi–Mo ab 18 Uhr, zermattbubble.com

## Shoppen

### Yosemite Zermatt

Alles für den Bergsport, von zahm bis wild. Dazu kann man sich hier für seine 4000er-Besteigungen und Kletterpartien Helme, Anseilgurte, Eispickel und Steigeisen ausleihen.
Bahnhofstr. 20, tgl. 8.30–12.15, 14–19 Uhr, www.yosemite.ch

## Sporteln

### Gorge Adventure

Der obere Teil der Gornerschlucht ist nur mit Bergführer zugänglich und bietet während 3–4 Std. ein aufregendes, exklusives Erlebnis mit Abseilstellen, Seilrutschen und abenteuerlichen Balanceakten über tosendem Wasser.
Alpin Center Zermatt, Bahnhofstr. 58, Tel. +41 27/9 66 24 60, www.alpincenter-zermatt.ch

# Frankreich

## 38 Chamonix und Mont Blanc

### Essen

**Le Vert**
Sympathisches Hotelrestaurant westlich des Zentrums mit sehr ansprechender Küche (auch vegetarisch), herzlichem und kinderfreundlichem Service und fairen Preisen.
Route des Gaillands 964, Chamonix, Tel. +33 4/50 53 13 58, tgl. ab 17 (Snacks) bzw. 19 Uhr, Mitte Sept.–Mitte Dez. geschl., www.verthotel.com

**La Tablée**
Voll Holz! Mitten im Zentrum speist man in urigem Ambiente savoyardische Hausmannskost mit viel Käse (Fondue) und französische Klassiker. Meist sehr gut besucht – unbedingt reservieren.
Avenue de l'Aiguille du Midi 75, Chamonix, Tel. +33 4/50 53 31 23, tgl. geöffnet, www.latablee.fr

### Sporteln

**Ski Chamonix**
Prinzipiell das ganze Jahr über, zum Wandern am schönsten im Mai/Juni und Sept./Okt. Das berühmte Skigebiet bietet 117 km Pisten bis auf 3300 m Höhe und eine große Zahl haarsträubender Freeride-Abfahrten. Und im angrenzenden Skigebiet Evasion zwischen Les Houches, Saint-Gervais und Megève gibt es noch mal 445 km Pisten und 111 Lifte ... Nicht-Skifahrern werden im Winter übrigens viele schöne Wanderwege freigehalten.
www.chamonix.com

**Tandem-Fliegen**
Bei der Wahnsinnsaussicht auf das Mont-Blanc-Massiv darf man schon mal die Bodenhaftung verlieren, und zwar im wahren Wortsinn. Wer sich einem professionellen Piloten anvertraut, kann mit ihm zusammen am Schirm vom Berg ins Tal schweben. Man hat die Wahl zwischen mehreren Startplätzen auf beiden Talseiten. Am günstigsten (ca. 100 Euro plus Seilbahnticket) ist der Flug von Planpraz am »Grand Balcon«. Wer es ganz exklusiv haben möchte, startet auf der Aiguille du Midi (ca. 250 Euro). Es gibt zwei Dutzend Anbieter. Die beste Übersicht bietet die Seite:
www.chamonix.com

*Da bleibt manchen die Luft nicht nur wegen des grandiosen Panoramas weg: Einige Pisten von Chamonix (➤ S. 35) liegen auf 3300 m Höhe.*

## 39 Grenoble und Umgebung

### Essen

**La Petite Idée**
Diese »kleine Idee« im Zentrum ist für Gäste in jedem Fall eine gute Idee. Typisch französische, täglich wechselnde Fri-

*Ein Hit in Frankreich, im deutschsprachigen Raum noch ein Geheimtipp: Im riesigen Skigebiet Serre Chevalier (➤ S. 36) nördlich von Briançon kann man sich auf 250 Pistenkilometern austoben.*

scheküche mit regionaler Note, äußerst gemütliche Einrichtung und gute Weine.
Cours Jean Jaures 7, Grenoble, Tel. +33 4/76 47 52 95, Di–Sa 12–13.30 und 19.30–21, So 12–14 Uhr, www.la-petite-idee.fr

### La Table du 20

Auch wenn die Lage an einer breiten Straße in Grenobles südlichem Vorort Eybens alles andere als idyllisch ist, lohnt sich der Weg. Hier wird kreative französische Bistro-Küche vom Feinsten geboten, dabei keineswegs überkandidelt oder teuer.
Avenue Jean Jaurès 20, Eybens, Tel. +33 4/76 24 76 93, Mo–Fr 12–14 und 19–22 Uhr, www.latabledu20.fr

# 40 Briançon und Écrins-Nationalpark

## Essen

### La Gavroche

Gastro-Institution im Herzen der malerischen Altstadt, die sich der deftigen französischen Landküche verschrieben hat. Das heißt, man ist mit den Fondue-, Raclette-und Risotto-Variationen gut bedient.
Grande Rue 40, Briançon, Tel. +33 4/92 21 11 81, tgl. 10–15 und 18–23 Uhr, www.restaurant-briancon.fr

### Au Plaisir Ambre

Gehobene Kulinarik aus der Hand von Chefkoch Michaël Chassigneux, der ebenso furchtlos wie gekonnt Produkte und Rezepte aus der Region mit Elementen der Hoch- und Weltküche verbindet – zu fairen Preisen.
Grande Rue 26, Briançon, Tel. +33 4/92 52 63 46, tgl. 12–13.30 und 19–21.15 Uhr, www.auplaisirambre.com

## Sporteln

### Mit Ski und Snowboard

Das Skigebiet Serre Chevalier nördlich von Briançon gehört mit knapp 60 Seilbahnen und Liften sowie 250 km Pisten zu den großen Skiregionen Frankreichs – und gilt bei Besuchern aus dem deutschen Sprachraum immer noch als Geheimtipp.
www.serre-chevalier.com

## IMPRESSUM

Dieses Booklet gehört zum Buch »Alpenglück«,
ISBN: 978-3-8342-2199-5
Preis: (D) 19,90 €, (A) 20,60 €

Liebe Leserinnen und Leser,
vielen Dank, dass Sie sich für einen Titel der Marke HOLIDAY entschieden haben. Wir freuen uns, Ihre Meinung zu diesem Reiseführer zu erfahren. Bitte schreiben Sie uns an holiday@graefe-und-unzer.de, wenn Sie Berichtigungen und Ergänzungen haben – und natürlich auch, wenn Ihnen etwas ganz besonders gefällt.

Alle Angaben in diesem Reiseführer sind gewissenhaft geprüft. Preise, Öffnungszeiten usw. können sich aber schnell ändern. Für eventuelle Fehler übernimmt der Verlag keine Haftung.



2. Auflage



GRÄFE UND UNZER

*Ein Unternehmen der*
GANSKE VERLAGSGRUPPE

B2B-Editionen schneidern wir maß nach Ihren Wünschen. Bei Interesse:
veronica.reisenegger@graefe-und-unzer.de

Bei Interesse an Anzeigenschaltung:
KV Kommunalverlag GmbH & Co. KG
Tel. 089/92 80 96 0
info@kommunal-verlag.de

**GRÄFE UND UNZER VERLAG**
Postfach 86 03 66
81630 München
holiday@graefe-und-unzer.de
www.holiday-reisebuecher.de

**Reihenidee/-konzept**
Verónica Reisenegger

**Redaktion**
Axel Klemmer, Eva Stadler, Martina Krammer

**Layout**
Natalia Gospodarek, Incognito Design

**Bildredaktion**
Dr. Nafsika Mylona, Tobias Schärtl

**Schlussredaktion**
Dr. Anita Meschendörfer

**Produkt- und Projektmanagement**
Eva Stadler

**Produktion**
Anna Bäumner

**Repro**
Repro Ludwig, Zell am See

**Druck und Bindung**
Printer Trento, Italien

## BILDNACHWEIS

Cover mauritius images: Westend61; S. 4 Mikołaj Gospodarek; S. 6 ALPIN LIFESTYLE HOTEL LÖWEN & STRAUSS; S. 7 GourmetPictureGuide; S. 8o Tölzer Kasladen: Markus Stoffel; S. 8u Lookphotos: Konrad Wothe; S. 9 Skiparadies Sudelfeld: Eugen Gebhardt; S. 11 Montafon Tourismus GmbH: Patrick Saely Schruns; S. 12 Ötztal Tourismus: David Schultheiß; S. 13 Swarovski Kristallwelten; S. 14o PerauerGmbH; S. 14u Fotolia: marcus_hofmann; S. 15 Tourismusverband Wilder Kaiser: Albin Niederstrasser; S. 16 Shutterstock: My Good Images; S. 17 Getty Images: Elmar Krenkel; S. 18 seasons.agency: Langlotz, Tim; S. 19 GlowImages; S. 20 Kärnten Werbung, Steinthaler ; S. 21 Lookphotos: Hans Georg Eiben; S. 22 Fotolia: PROMA; S. 23 Getty Images: Cultura RF; S. 24 Shutterstock: Shanti Hesse; S. 25 seasons.agency: Moritz Hoffmann; S. 26 valgardena.it; S. 27 Alamy: MARKA; S. 29 Shutterstock: Mariia Golovianko; S. 30 Jungfraubahnen; S. 31 Biervision Monstein; S. 33 Bildagentur Huber/Kremer; S. 34 ChezVrony; S. 35 Shutterstock: Roberto Caucino; S. 36 Shutterstock: Rrrainbow; S. 37 Fotolia: Martin Schlecht